「自傷的自己愛」の精神分析

斎藤 環

角川新書

目次

はじめに

第一章　「自己愛」は悪いものか

はじめに

インセルたちの犯罪

二〇二一年八月六日、小田急《おだきゅう》電鉄小田原《おだわら》線車内で、三十六歳の男性が牛刀で乗客に切りつけ、サラダ油を撒《ま》いて放火を試みる事件が起こりました。この事件で乗客の二十歳の女子大生が重傷を負い、合わせて十人が怪我をしました。いわゆる「小田急線刺傷事件」です。

この容疑者は事件の直前に新宿《しんじゅく》区内で万引きをし、通報されていました。この時「通報した女性店員を殺したい」という感情が芽生えたといいます。また「約六年前から幸せそうな女性を見ると殺したくなった」「勝ち組の女性やカップルを標的にした」などと供述していると報道されました。

この事件はフェミニストの論客らによって「ミソジニー犯罪」「ヘイトクライム」「フェ

ミサイド」の可能性が指摘されています。また、これとは別の視点から、この容疑者はいわゆる「インセル」だったのではないかという指摘もありました。私もその意見に同感です。この容疑者が本当にインセルだったかどうかはわかりませんが、犯行のスタイルや供述内容からは、きわめてインセル的な傾向が見え隠れしています。

ならば「インセル」とはなんでしょうか。

インセルとは「インボランタリー・セリベイト」の略語で、「不本意な禁欲主義者」を意味する言葉です。自分の容貌《ようぼう》が醜いために女性から相手にされないと確信している異性愛の男性たちに対する呼称で、彼らは時に女性への憎悪を募らせ、犯罪行為に及ぶこともあると言われています。このためインセルは男性優位主義者のヘイトグループであるとされることもあります。現に二〇一四年五月にアメリカでは、インセル向けの掲示板で活動していたエリオット・ロジャーという当時二十二歳の男性が、銃を乱射して六人を殺害し、自らの命を絶つ事件が起きています。また最近では、二〇二二年七月八日、安倍元総理を暗殺した山上徹也も、Twitter 上でしばしば「インセル」に言及しており、自身をそのようにみなしていた可能性も指摘されています。

非モテと憎悪

インセルを自称する男性たちは、傍目には異常なほどに「外見」にこだわります。彼らの多くは思春期から青年期にかけて、女性から拒否されるなど傷つけられる経験をしたと語ります。彼らは女性を憎悪していますが、それは手に入らないがゆえの憎悪、というニュアンスを多分に帯びています。

彼らは自身がインセルであるのは遺伝的に決まっていると考える傾向にあります。魅力のある女性たち（「ステイシー」と呼ばれます）は魅力的な男性（「チャド」と呼ばれる、金髪で筋肉質で男らしい顎《あご》を持つ勝ち組男性）に惹《ひ》きつけられる。遺伝子レベルで「チャド」に劣るインセルには、一生チャンスは巡ってこない。彼らの多くはそう考えています。

インセルたちの存在は、日本におけるいわゆる「非モテ男」や「弱者男性」と共通するところが大きいように思われます。もっとも「ヘイトグループ」とみなされるような攻撃性はそれほど目立たないようです。「チャド」に該当するのは「パリピ」「ウェイ系」などでしょうか。興味深いのは日本の弱者男性たちはインセルほど連帯はしないし、劣等感を覚えるのは外見よりも「コミュ力」の有無である点、などですが、この点については後に触れます。インセルたちは自己啓発や前向きな態度を冷ややかにみる傾向があり、女性とうまくやれる男はすぐに「フェイクセル（偽インセル）」と呼ばれるそうですが、このあたりの傾向も日本の「意識高い系」への揶揄《やゆ》や（少々古いですが）「リア充爆発しろ」といったやっかみに通ずるものがありそうです。もしそうであるなら、この種の事件は、いじめ被害を受けていた高校生二人による大量殺人事件「コロンバイン高校銃乱射事件」（一九九九年）や、大学で孤立していた韓国国籍の男性による大量殺人事件「バージニア工科大学銃乱射事件」（二〇〇七年）などにも共通するところが多いと言えそうです。

以上で、私が「小田急線刺傷事件」の容疑者にインセル的な傾向をみてとった理由はご理解いただけたと思います。ただ、その背景にある感情を「女性への憎悪」だけと考えるなら、いささか「読みが浅い」ように感じます。**女性への憎悪は彼らの感じている憎悪のごく一部であり、背景には社会への憎悪、さらに自分自身への憎悪（ないし排除）があると考えられるからです。**

「いやいや、小田急線刺傷事件なんて、自己中のきわみみたいなもんでしょ」と言いたくなる気持ちは分かります。確かにそうした自分勝手さがあることは否定しません。しかし、ここに大きな逆説があるのです。「自分が嫌いで仕方がない人こそが、もっとも自己中心的にふるまう」「世界の破滅を願う人間は、しばしば自分自身を滅ぼしたいと願ってもいる」という逆説が。

自己否定と絶望の加速

谷山浩子《たにやまひろこ》さんの楽曲に「よその子」という名曲があります。インナーチャイルドがテーマの歌ですが、歌詞にこんなくだりがあります。

世界から拒絶された少年は、世界全体を焼き滅ぼそうと考えますが、その考えは彼自身の心をも焼き尽くします。言い換えるなら、**他者を徹底して拒絶する心は、自分自身をも拒絶せずにはいられないのです**。インセルや弱者男性が世界を（女性を）憎悪するのは、病んでいるせいではありません。そもそも人の心が、そういう構造になっているのです。

自己疎外の果ての加害行為。この構図は、二〇〇八年六月八日に起きた「秋葉原《あきはばら》通り魔事件」を思い出させます。もう十年以上前の事件ですから、若い世代にはなじみのない事件かもしれませんが、四十代以上を中心とするロスジェネ世代にとっては、いまだに生々しく記憶されている事件かもしれません。

この事件では、当時二十五歳の元自動車工場派遣社員が、秋葉原の歩行者天国に二トントラックで突っ込み、車から降りて通行人や警察官ら十七人をダガーナイフで立て続けに殺傷しました。犯人が派遣労働者だったことから、ワーキングプアの問題と結びつけて注目され、労働者派遣制度の見直しにつながった事件でもあります。

この犯人についても、その極端な自己中心性や現実感覚の乏しさを指摘する意見が多く交わされましたが、事件前の彼のネット掲示板への書き込みには、激しい自己否定と絶望感が綴《つづ》られていました。「彼女さえいれば」「(自分のような) 不細工には人権などない」といった表現には、自分の容姿ゆえに異性と関係を持ち得ないという、インセルたちの苦悩と共通するくだりが多く見られます。

この犯人の意識は複数の通り魔事件の犯人に共通するもののように思われます。たとえば二〇一八年六月九日に起きた東海道《とうかいどう》新幹線車内殺傷事件の例があります。当時二十二歳だった無職の男性が、走行中の新幹線車内で、ナタとナイフで女性二名に傷害を負わせ、止めに入った男性一名を殺害した事件です。犯人の男性は複雑な家庭環境で育ち、環境との因果関係は定かではありませんが、「無期懲役刑になり、一生刑務所に入ること」を希望していたとのことです。

彼は裁判でも「見事に殺しきりました」と発言したり、無期懲役の判決が出ると裁判官の制止も聞かず万歳三唱したりするなどの奇行がみられました。こうした一連の行為がこことごとく自傷行為じみて見えるのは私だけでしょうか。この犯人の自己イメージは定かではありませんが、犯行前の一時期、ホームレス生活の末の餓死を目指していたことがあると報じられています。そういうところを見ると、やはり自己否定的な感情や絶望感が強かったのではないでしょうか。

反社会から非社会へ

犯罪の話が続いてしまったので、自傷的自己愛を持つ人は攻撃的で暴力的な傾向が強いのではないかと感じる人もいたかもしれません。しかし、私の見るところ、それは事実ではありません。

ちょっと前まで、マスコミは若者の凶悪化とかキレやすさを喧伝《けんでん》する傾向がありましたが、これは全く事実に反します。時代とともに、若者はどんどんおとなしくなりつつあるのが現状です。犯罪白書の統計を見る限り、未成年の犯罪率が一番高かったのは昭和三十五年です。近年は毎年、触法少年及び不良行為少年の補導人員は減少傾向にあり、犯罪率は低下しています。統計に基づいて考えるなら、昭和三十五年に思春期だった団塊の世代の犯罪率が最も高い。暴走老人などという言葉もありましたが、近年高齢者の犯罪率が増加傾向であることも、この世代の「やんちゃ」ぶりゆえなのではないかと勘ぐりたくなるほどです。

若い世代は時代を経るごとにおとなしくなっていきます。たとえば日本以外の先進諸国はいずれも殺人検挙率が突出して高いのは二十代ですが、日本では二十代の殺人検挙率は世代間比較でいくと三十代、四十代に次ぐ三位です（一九六〇年から二〇一五年までの警察庁の公開資料：殺人事件の年齢別の検挙人数）。行動生態学者の長谷川眞理子《はせがわまりこ》氏は、この異常な少なさに注目し、その原因として社会の変化に伴う若者のリスク回避を指摘しています。

（朝日小学生新聞 https://www.asagaku.com/shougaku/oyako_kagaku/kako/04/0406.htm）

以上の傾向を大づかみに捉《とら》えるなら、若者心性のありようとして「反社会から非社会へ」という推移を見て取ることができます。全共闘運動からヤンキーに至るまで、かつての若者は社会に反発し、世間の迷惑を顧みず、暴力や犯罪などに走る傾向がありました。しかし、**全共闘運動が挫折《ざせつ》し、道交法の改正でヤンキー文化が頓挫《とんざ》した後、若者は急速に非社会化していきます。**

データでそれを示すなら、ひきこもりや不登校の急増ぶり、ニートの増加、犯罪率の低下などがあり、これに非婚化傾向も付け加えられるでしょう。たとえば生涯非婚率は急速に増加しつつあり、二〇二〇年の生涯非婚率は、男二十五・七パーセント、女十六・四パーセントと過去最高水準です。「非婚化は社会性と関係ないじゃないか」と言う人もいるかもしれませんが、今の日本の社会の男尊女卑的な構造の中では、非婚であることが社会参加を著しく制限する場合が多々ありますので、そういった意味では、社会参加をせず、社会に背を向けるといった行動に関連づけられてしまうというところがあるかもしれません。

「無敵の人」になる

データ以外でも、さまざまなキーワードが非社会化を示唆しています。九〇年代以降の若者に関する流行語として、オタク、ひきこもり、フリーター、ニート、パラサイトシングル、草食男子、ワーキングプアなどが挙げられます。いずれも社会にコミットすることに困難を感じている若者を意味しており、その意味では若者の非社会化を象徴するキーワードと言って差し支えないでしょう。

先述したようなインセルによる犯罪も、私の考えでは、こうした非社会化の傾向に根ざしたもの、ということになります。犯罪は反社会行動だと述べたばかりなのに、こういう発想は矛盾ともとれますよね。以下に説明してみましょう。

「無敵の人」というネットスラングがあります。Wikipedia によれば、もともとは西村博之《にしむらひろゆき》氏が二〇〇八年にブログで提唱したとされる言葉です。西村氏は次のように述べています。

「本来人間は、逮捕されると職を追われたり社会的な信用を失うことから、犯罪行為に手を染めることを躊躇《ちゅうちょ》する。ところが元から無職で社会的信用が皆無な人には、逮捕されることがリスクにならないため『刑務所もそんなに悪いとこじゃないのかもね』程度の環境の変化にしか過ぎなくなる。そのような人間が、インターネットの発達によりそれなりの社会的影響力を行使できるようになったことで『自分が警察その他多くの人間を動かせる』事に満足感・充実感を見出《みいだ》した」

後半の記述には同意できないところもありますが、失う物がないという絶望感から犯罪に走るという点をふまえるなら、「無敵の人」というネーミングはなかなか秀逸だったのではないでしょうか。西村氏は二〇二一年に起きた京王《けいおう》線刺傷事件について「無敵の人」事件とみなしています。「『この社会が僕を受け入れてくれないから、自殺をする』っていうのを、日本人は選びがちだったんですよね。でも、自殺する一万分の一ぐらいで『何人か殺してから死のう』って人が、定期的に現れるようになって」と述べていますが、この種の事件を自殺の延長線上で捉えるという認識には私も同意できます。

「無敵の人」の発案者は西村氏でしたが、この言葉を有名にしたのはある事件でした。二〇一二年に起きた「黒子のバスケ脅迫事件」（漫画『黒子のバスケ』の作者である藤《ふじ》巻忠俊《まきただとし》氏や作品の関係先などを標的とする一連の脅迫事件）で逮捕され、威力業務妨害罪に問われた渡辺博史《わたなべひろし》被告が公判で意見陳述を行い、その内容が公開されました。渡辺被告は次のように述べています。

「**自分のように人間関係も社会的地位もなく、失うものが何もないから罪を犯すことに心理的抵抗のない人間を『無敵の人』とネットスラングでは表現します。**これからの日本社会はこの『無敵の人』が増えこそすれ減りはしません」

冒頭意見陳述の内容が報じられるや、この「無敵の人」という言葉は一気に広がりました。多くの若者が、強い共感とともにこの言葉を繰り返し引用したためです。彼の言葉からも、**「無敵の人」の背景には、強い劣等感、さらに言えば自傷的自己愛が存在することがわかります。**

こうした劣等感は、ひきこもりやニートに限らず、内向的で孤立しがちな若者にしばしばみられる自意識のあり方に通じます。彼らの多くは、みずからを「非モテ」「キモメン」(気持ち悪い男)といった言葉で過剰に卑下しがちだからです。客観的には必ずしも醜くないにもかかわらず、なぜ彼らはそう確信するのでしょうか。

「自己責任」という規範が人を追いつめる

彼らは、多くは些細《ささい》なきっかけから、自らをコミュニケーション弱者と決めつけてしまっています。ここで重要なのは、「弱者であること」が必ずしも被害者意識につながらないことです。その理由の一つとして、現代における「敵の見えにくさ」が挙げられるでしょう。ニートやワーキングプアたちを苦しめる「敵」は、もはや資本家や政治家のような「個人の顔」を持っていないのです。**苦痛の元凶はネオリベラリズムという名の「システム」として漠然とイメージされていて、このシステムは彼らに「自己責任」という規範を要求します。**

自己責任の論理は、若者たち自身によって進んで内面化され、それが内側から彼らを苦しめます。自己責任も果たせずに社会に迷惑をかける「醜い」存在として、彼らの被害者ならぬ加害者意識はいっそう強化されてしまうのです。**彼らがどんなに追いつめられても**

デモに行ったり「社会を変えよう」という意識を持ったりしにくいのは、自分自身を被害者として認識できないためもあるでしょう。

かくして彼らは、自らの存在意義を見失い、「なんのために生きるのか」「自分の生に意味があるのか」が見えなくなってしまいます。ホームレス支援活動に携わる湯浅誠《ゆあさまこと》氏は、こうした意識のありようを「自分自身からの排除」と呼んでいます（『反貧困』岩波新書、二〇〇八年）。

私は彼らに、健全な自己中心性を持ってほしいと願っています。それはたとえば「ポジティブな被害者意識」のようなものかもしれません。苦しい時に、それを自分のせいにばかりするのではなく、自分を苦しめる社会システムを批判したり、それを温存している政治家を叩《たた》いたりするような自己中心性＝被害者意識。それを心から願いながらも、実際には、それがひどく難しいことであろうとも思います。

なぜそう思うのか、それは、私が「ひきこもり」の専門家だからです。

ひきこもりの自意識

私が診察している二十代〜三十代のひきこもりの男性に、いつも自分自身を激しく罵倒《ばとう》する人が複数います。「自分なんて生きている意味も価値もない、人間のクズだ」「こんな人間は早くくたばったほうがマシだ」などと言います。**どうしてそう思うのか理由を訊《き》いてみると、「自分は何もしてこなかった。社会的立場もないし、価値がない。価値がない人間は死ぬべきである」と言うのです。**

「君は頭も良いし社交性もある。社会に出ていっても十分にやっていけると思う」と私が応じると、彼は怒って「そんな誤魔化しを言ってどうするんですか。社会に出るなんて、自分にできるわけがない」と声を荒らげ、**なぜ自分がダメな人間であるのかを主張しては自己否定を繰り返します。**

ほめれば怒られるし、だからといって「そうだね、あなたの言う通り、あなたはもうどうしようもないね」などと応じれば、それはそれで不信感を買ってしまうでしょう。「なんて面倒な人だ、そう思うなら好きにすれば良い」と切り捨てるのは簡単ですが、それではプロ失格です。**こういう場合の「正解」は、いわゆる「アイ・メッセージ」、「あなたが自分を責めたい気持ちはわかったけれど、私は同意はできないよ」と言うことです。**もちろんそれで彼が納得するわけではありませんが、少なくとも対話は続けられます。

二〇〇〇年代に入って、こんな発言をする患者がますます増えてきたように思います。

「私なんていないほうがいい。いなくなっても誰も困らない」みたいなことを面と向かって言われたら、ふつうは相手の言葉を否定し、とりあえず励ましの一つも言いたくなるところです。しかし、こういった発言をしがちな人には、他者による否定や慰め、励ましを決して受け入れようとしない、という共通の特徴があります。

実は私は、こういう「一見、面倒くさそうな人」が嫌いではありません。**私には彼らが「自分のことが大切だからこそ、自分をディスっている」としか思えないからです。**だから私は彼らを説得したり、理屈のやりとりをしたりしようとは思いません。ただ「まあそう言わずに、最近興味のあることを教えてよ」とか「心配だから、次の予約も必ず来てね」と言い続けます。この態度、聴き方によっては「自分の話を真面目に聞いていない！ふざけるな！」と怒られそうなものですが、不思議にそういう怒られ方をしたことはありません。彼らはしょっちゅう「こんな治療は無駄だ」とか「通院しても意味がない」などとぶつぶつ言いながらも、けっこう真面目に通院してくれます。そういう、ちょっとツンデレっぽいところが好感が持てますよね。もちろん「無意味って言うわりに真面目に来るよね」みたいな意地悪は言いません。**私のモットーは「彼らの言葉ではなく行動を信じる」というものです。**この視点から見る限り、彼らの言葉は矛盾しているかもしれませんが、行動に矛盾はありません。

人がひきこもるきっかけ

私は精神科医として、長年、「ひきこもり」を専門に診療してきました。「ひきこもり」の定義は、六ヶ月以上社会参加をせず、精神障害を第一の原因としないことです。現在日本には、内閣府の推計で百万人以上、私の推計では二百万人以上の社会的ひきこもり当事者がいると考えられており、当事者、保護者ともに高齢化していることを含め、社会的な問題とみなされています。

人がひきこもってしまうきっかけは、傍から見ればとても小さなつまずきであることも多いのですが、いったんその状態に入ると、本人の意思とは裏腹に、自力で抜け出すことが難しくなり、何年も、ときには何十年にもわたって長期化することがあります。ひきこもる人にはもともと自己肯定感が低い人も多いのですが、**長期化することでいっそう自己価値感情や自尊感情が低下するのが一般的です。**むしろそうならない人であれば、ひきこもりも長期化しないとも言えます。

よく、ひきこもりの人は視野が狭いとか認知特性がおかしいとか人格的な偏りがあるといった見方をする専門家がいます。また、そのことをもってひきこもりを病気とみなそうという主張もしばしば聞かれます。しかし私自身は、自分の三十年以上にわたる臨床経験に基づいて、ひきこもりに特有の病理があるとはどうしても思えませんでした。むしろ現在は、彼らを**「困難な状況にあるまともな人」**とみなすことを提唱しています。そもそも**不登校やひきこもりは、いじめやハラスメント、ブラックな労働環境といった「異常な状況」に対する「まともな反応」として生じていることがしばしばあります。**その意味では、どんな家庭で育ったどんな人でも、いつでも、どこでも、何歳からでもひきこもってしまう可能性を持っています。

彼らは、そうした「まともさ」ゆえに、自分のひきこもり状態が家族の負担になること、社会からも批判されるような状態であることをよく自覚しています。結果的に自責の念も強まり、「自分なんて生きている意味も価値もない、人間のクズだ」という発言になるわけですが、周囲が言葉を尽くしてもどうにもその思いを捨てられないほど自己否定の念が強固なものになりがちです。

彼らを追いつめるのは「働かざるもの食うべからず」とか「権利を主張して義務を果たしていない」とか「親の資産を食い潰《つぶ》したら、今度は福祉財源にたかる寄生虫のような存

在」といった価値観です。私はこうした価値観を一貫して否定してきましたが、それはこれらが世間的価値観として極めて強固であるからです。それぞれは一種の「正論」の一面を持っており、ある人たちにとってはまっとうな議論でもあるでしょう。この視点から見ると「ひきこもり」は恥ずべきスティグマになります。

スティグマとはもともと「しるし」の意味ですが、ここでは社会的に個人に押し付けられたネガティブな烙印《らくいん》や負のレッテルを意味しています。精神疾患の診断名のほか、精神科病院への通院歴、生活保護や障害者年金の受給歴といったこともスティグマとなって差別の原因となります。

スティグマを内面化したものが「セルフスティグマ」です。自分自身に烙印やレッテルを貼って、自分の存在を恥ずかしく思い、自分で自分を貶《おとし》めるような意識につながります。こうした意識が強すぎると、みずから社会的に不利な状況を予測してしまい、社会参加を望みながらも、それに向けて踏み出せない状況につながってしまいます。ひきこもりの当事者の多くも、同様です。彼らが自分自身を批判し、貶め、否定してみせるのは、まさにこのセルフスティグマゆえでしょう。**言うまでもなくセルフスティグマは、自傷的自己愛の自傷部分を強化してしまいます。**

「自分の人生はひきこもることでぜんぶ破壊された」「自分自身には何の価値もない」「生きる価値のない人間」「未来に何の希望も持てない」繰り返しこういった主張を聞いていく中で、気づいたことがあります。

これらの発言のおおもとにあるのは「自分が無価値な人間であるということに関しては、自分がいちばんよく知っているのだから、何人にも否定されたくない」という信念ないし確信です。自分がダメであることについては誰よりも自信がある、という逆説的な確信。だからこそ周囲の励ましは本人の怒りを買うなどして、しばしば逆効果になるのです。

こういった発言をするのは、ひきこもりの人ばかりではありません。私の印象ですが、**メンタルな問題を抱えた若い人には「自分が嫌い」な人が多いように思います。**いや、実は若い人に限った話ではないのかもしれません。いまや「自己肯定感」という言葉が、ネットにも本のタイトルにもあふれています（Amazon でちょっと検索してみて、あまりの多さにびびりました）。いかに多くの人々が、自己肯定感を巡って悩んでいるかがうかがえます。これは裏返すなら、素直に「自分が好き」とは思えない人が増えていることが背景にあるのではないでしょうか。

そうは言っても「自分が嫌い」な人って、この格差社会の下層（と思い込んでいる）の人、つまり「負け組」の人だけなのでは？　と思われたかもしれません。確かにセレブ層とかには、そういう人は少なそうに見えます。しかし実際には社会からの評価も高く、社交性も収入もある、所謂《いわゆる》「成功し恵まれた人」の中にも、同様の発言を繰り返す人がいます。

ほめられても自分の価値を感じられない

彼女は仕事で成功を重ね、傍からは社会的な立場も実績も生きがいもあるように見えます。知り合いも多く、しばしば社会的地位の高い人と会食をするなど、一見社交的ですが、自分に自信がなく、自分がダメであるという思いに囚《とら》われています。ところが話を聴いてみると、しょっちゅう他人からほめられているようなのです。実際、容姿にしても仕事にしても人もうらやむ水準なので、当然ではあるのですが。しかし彼女は、そうしたほめ言葉をあまり真に受けることができず、どれほどほめられても、容姿にも仕事にも自信が持てないままでした。

にもかかわらず彼女は、ひんぱんに社交の場に出かけていきます。この点はずっと不思議でした。本当に自信がない人は、さほど親しくもない人との会食の場に出向くことを好まないはずです。「場違いだ」「自分はこんなところにいる価値はない」と悩むはずのところを、人前では堂々と振る舞うのですが、一方で自信がないという強い思いがあり、本人にはその矛盾の自覚がないように見えるのです。より正確に言えば、彼女は、無意識のうちに矛盾から身を遠ざけているようです。**知的レベルも高く、論理的な思考が苦手とも思えないのですが、ふつうは環境から満たされるはずの自己愛が満たされないまま、「自分はダメだ」という真剣な悩みを抱えています。**

私は治療に関わりながら、周囲から見た彼女と、彼女自身の自分像との間にどうしてこれほどのギャップがあるのか不思議に思っていました。しかし彼女の生育歴を詳しく聞くにつれ、原因がはっきり見えてきました。彼女は、幼い頃から母親に否定され続けて育っていたのです。ほとんどほめられたことがなく、否定的なことばかりを言われて自分の価値がまったくわからなくなり、何を達成しても自分を認めることができず、根本的なところで自分に価値があるとは思えなくなってしまっているのです。幸い彼女には高い知能や社交性があったので、自信のなさをカバーすべく頑張った結果、セレブ的な地位に到達できたのですが、どんなに頑張って成果を出しても、根本的なところでは自信が持てないままだったのです。

この女性のケースは、私が治療に関わった複数のケースを合成したフィクションです。ただ、そこには驚くほど共通点があって、とりわけ**「否定的な母親のもとで育つ」「容姿や地位などのスペックはきわめて高い」「にもかかわらず、根本のところで自信がない」**というものです。

成功しても自己肯定感が得られない

高い地位や実績があっても自信が持てないのは、女性ばかりではありません。

私は二〇一四年に、ある雑誌の企画で大ヒット漫画『進撃の巨人』の作者である諫山創《いさやまはじめ》氏にインタビュー取材をしたことがあります（「BRUTUS」二〇一四年十二月一日号、マガジンハウス）。その時非常に印象的だったのは、諫山氏の「自信のなさ」でした（すでに八年前のことなので、現在は状況が変わっている可能性はあります）。「謙虚さ」とは少し違います。謙虚さはしばしば、強く安定した自信に裏打ちされています。しかし諫山氏の発言は、これほど成功をおさめた作家とは思えないような弱気なものでした。インタビューでもしきりに「運が良かっただけ」「今も自信がない」等と発言し、思春期から続くさまざまなコンプレックスを告白し、「まともな人間にはなれそうにない」という〝確信〟

や〝怒り〟を創作の原動力としてきたと語ってくれました。ほかにも「いつでもネオニートになれる」「リア充にはならない」「ももクロは大好きだが会いたくない」等々、ほとんど幸福になることを恐れているのではないかと勘ぐりたくなるような「自信のなさ」でした（これらの発言はすべて、当該インタビュー記事からの抜粋です）。

『進撃の巨人』は、いまや全世界で一億部以上が売れ、作品はアニメ化、映画化されて今なお高い人気を誇る傑作であり、間違いなく後世にまで古典として読み継がれていくであろう漫画作品です。若くして漫画界の頂点を極めたと言えるほどの成功をおさめた諫山氏が、いまなお十全な自己肯定感を手に入れられずにいるということ。これはどういうことなのでしょうか。ちなみにインタビューの時点ですでに『進撃』はアニメ化もされ二千万部以上の大ヒット作品でしたから、まだデビューしたばかりで自信がなかったということではないでしょう。

いやいや、自殺した作家や芸術家は沢山いるし、そういう人は表現者には珍しくないという方もおられるでしょう。このあたりは語り出すと長くなるので、ごく簡単に済ませておきます。まず、自殺願望と自己肯定感の低さは必ずしもイコールではありません。芥川《あくたがわ》龍之介《りゅうのすけ》や太宰治《だざいおさむ》、三島由紀夫《みしまゆきお》は、果たして「自信がない弱気なだけの作家」だったでしょうか？

一般に自殺は、不安定な衝動の行動化ですが、諌山氏の「自信のなさ」は、かなり安定して揺るぎないものであるように思われます。このタイプの「商業的成功によっても克服できない自信のなさ」を抱えた作家は、サブカルチャー領域には特に多いように思われます。亡くなった漫画家の山田《やまだ》花子《はなこ》氏、いまや日本を代表する映画監督となった庵野《あんの》秀明《ひであき》氏、ロックバンド「神聖かまってちゃん」の「の子《こ》」氏など、多くの名前が浮かびます。

だいぶ脱線してしまいましたが、要するに、社会的地位や成功といった、通常であれば自己肯定感を盤石なものにしてくれそうな要因すらも、あてにならないことがある、ということが言いたいのです。

「死にたい」とか「消えたい」といった言葉でSOSを発するケースとは異なり、**彼らは自己否定的な言葉を口にすることで、自分を傷つけ続けているようにみえます。**まるで言葉による自傷行為のようです。彼らは怒りや不安、過度の緊張や気分の落ち込みから自分を守るために、自分を傷つけているのではないか。自分を否定する言葉を自分に投げつけることで、かろうじて自分を保っているのではないか。私は次第に、そう考えるようになりました。

繰り返しますが彼らは、「自分がダメであることに関しては、誰よりも自信がある」ので、その自信までも否定され傷つけられたくないのです。こういった人々は、自己愛が弱いのではなく、むしろ自己愛が強いのではないか。つまりこれらの発言は、自己愛の発露としての自傷行為なのではないか。その根拠の一つとして、**彼らが自分自身について、あるいは自分が周囲からどう思われるかについて、いつも考え続けている**ということが挙げられます。他人と比較しながら「自分はダメだ」「●○と比べたら価値がない人間だ」などと自分自身を傷つけ貶める考えをやめられない。そういう意味で、**自分自身についてずっと考え続けている。**だとすれば、それは否定的な形であれ、自分に強い関心があるということになります。それはまぎれもなく、自己愛の一つの形ではあるでしょう。

「自傷的自己愛」の発見

この逆説的な感情を、私は「自傷的自己愛」と呼ぶようになりました。なぜそんな名前が必要なのか、それはこれから説明します。

後の章でも述べますが、「自己愛」という概念は、精神医学の世界では、「自己愛性パーソナリティ障害」「自己愛的人格」という診断名に見られるように、ネガティブなニュアンスを持つ言葉です。しかし本来、健全な自己愛は自分の心を安定的に保つために、必要不可欠な要素です。**むしろ自己愛そのものは、「人間が生きていくための必須条件」と言ってもよいくらいです。**

しかし、一度自分をダメだと思い込むループに入った人は、他人が否定したくらいでは容易に考えを変えてくれません。むしろ、その理論を進んで強化していくことになります。

ちょっと不思議なのは、うまくいかない状況になったとき、特に日本人の場合、それが自責に結びつきやすいように見えることです。不登校にしてもひきこもりにしても、当事者のほとんどは自分自身を責める傾向がとても強い。ひきこもりでは親を責める人もいますが、**家族は自分自身の一部みたいな存在なので、これは他責というよりは自責の延長線上であると私は考えています。**ひきこもりはともかくとして、不登校については、たとえば韓国の不登校と日本の不登校はずいぶん異なるようです。韓国の不登校生徒は「学校なんて下らないから俺は行かない」といった形で、文字通り登校を拒否することが多いそうです。「学校に行きたいのにどうしても行けない」という葛藤《かっとう》を抱えがちな日本の不登校とはだいぶ隔たりがありますね。もうちょっと文科省や学校のありようを批判する不登校児がいてもいいはずですし、七〇～八〇年代辺りはそうした生徒もいたようですが、昨今はめっきり見なくなりました。

「自分なんて生きている意味も価値もない、人間のクズだ」。こういう主張をする人は次第に孤立していきます。周囲の人や友達も、最初はそういう言葉を否定して、長所を指摘したり励ましたりしようとしますが、自己否定の信念を説得で覆すことは容易ではありません。何を言っても反論されるので、周囲も次第に面倒になってきて本人から離れていくこともあるでしょう。自傷行為が一時的には他人の注意を惹きつけながらも、繰り返すうちにみんなあきれて離れていく構図とよく似ています。

それでも忘れないでほしいのは、**誰よりも自分をダメだと思っている本人が、一番きついのだということです。**他者との関係が築けず、職場や学校で孤立し、手を差し伸べる人たちとさえもうまくいかない。めんどうくさいやつだと周囲にも敬遠され、負のスパイラルに陥り、さらには家族とも断絶してしまいかねません。

私がことさらに「自傷的自己愛」などと命名して注意喚起をしているのは、まさにこうした逆説的な自己愛の形が、これほど普通に存在するのに、驚くほど認識されていないように思えるからです。**自分を否定しながら親を責めたり、死にたいと口にしながらなかなか死ねなかったり、自分をさんざん否定しているくせに他者にも批判的だったりといった、**

青年期にはごく自然な心のありようが十分に理解されていないのです。

自己中心的な行動の裏に何があるのか

専門家の中にも「彼ら」の自己否定の言葉を真に受けてしまったり、自己愛と自己肯定感を混同してしまう人がいます。たとえば、親を自分のわがまま（に見える）な要求で振り回す子どもを「自己愛性パーソナリティ」などと〝診断〟する専門家は少なくないのですが、そうした自己中心的（に見える）振る舞いの裏に、意外なほど強烈な自己否定、自己嫌悪が潜んでいることが認識されていないようなのです。確かにこうした行為は、自己愛ゆえに自己をスティグマ化し、スティグマ化の理由を親のせいにして無理難題を言うから自己中心的に見える、という二回転ほどひねった状況があるのでわかりにくいのかもしれませんが。

繰り返しますが、思春期／青年期においては、自己愛のねじれとしての「自傷的自己愛」は、ごくありふれた感情であって、私は「病理」ですらないと考えています。そのことを知ってもらいたいというのが、本書を書いた一つ目の理由です。

二つ目は、自傷的自己愛を認識してもらえたら対応についても考えていきたいということがあります。自分を否定し続ける患者は、支援や治療の現場でも「斜《はす》に構えた扱いにくい患者」という印象を与えるせいか、支援者も敬遠しがちな傾向があるように思います。また逆に、彼らの「自分は死んだ方が良い」といった訴えを、切迫した希死念慮というふうに誤解され、服薬や入院を勧められてしまうこともあります。しかし私の考えでは、自傷的自己愛の訴えに対する対応の緊急性はそれほど高くありません。しかし、「面倒くさいから相手にしない」で済ませるべきではない深刻なバックグラウンドを抱えているのも事実です。

後でも述べますが、**自傷的自己愛の起源としてもっとも多いのは、いびつな親子関係であろうと思います。次いで、いじめを含む思春期の被害体験があります。**はっきりしたいじめやハラスメントなどのトラウマがない場合であっても、スクールカーストの最下層に位置づけられるといった形で慢性的に尊厳を傷つけられつづけ、その結果として自傷的自己愛に至ってしまう、ということもあります。**ひきこもりに限らず、セルフスティグマで自分を傷つけるような患者も少なくありません。**この種の問題は、見た目は軽症で、うつ病や統合失調症といったはっきりした診断がつけられるとは限らないため、精神科では相手にされないことも多いのです。**その意味では自傷的自己愛は「サブクリニカル」、すな**

わち治療が必要と断定はできないまでも、なんらかのケアや支援が必要であるような問題をもたらします。本書の目的は、そうした自傷的自己愛の所在を明示した上で、現時点で考えられるさまざまな処方箋《せん》を示すことになるでしょう。

三つ目は当事者への思いです。実は私には、一つの懸念があります。それは、いままさに自分自身を言葉の刃で責めさいなんでいる人たちが「自傷的自己愛」という言葉でさらに傷ついてしまわないだろうか、というものです。懸命に自分自身をけなし、貶め、批判し尽くすことで居場所を作ってきた人たちも存在します。その批判の原因が自己愛と言われてしまうと、なにか不当に傷つけられたと感じてしまう人もいるかもしれません。その点は申し訳なく思うのですが、それでもあえてこのことを言うのは、自己愛が決して悪いものではないからです。次の章で述べるように、**自己愛は生きていく上で必要不可欠な要素であり、健康さの証《あかし》とすら言えます。**薄っぺらい「自己肯定感」なんかよりも、誰の心にも潜んでいる「自己愛」の存在を認め、大切に育むこと。自分自身を責めさいなんでしまう人には、その根源にあるであろう「本当は自分を大切にしたい」という思いに気付いてもらいたい。そして、もしそれに気付くことができたら、もっと自分自身を大切にケアしてほしい、そう心から願っています。

第一章　「自己愛」は悪いものか

精神医学界で否定されてきた自己愛

「はじめに」でも紹介しましたが、「自己愛」という概念は、伝統的な精神医学の中では、長いことまともに問題にされてきませんでした。前にも述べた通り、どちらかといえばネガティブな意味合いで用いられることが多かったように思います。

典型的には「自己愛性パーソナリティ障害」という診断名があります。

アメリカ精神医学会（APA）の編纂《へんさん》した診断基準である「DSM－5」によれば、それはこんな人物を指すようです。とにかく自分が重要な人物であるという誇大な思いが強く、さほどでもない業績や才能を過大評価してみせたり、周囲にも称賛を期待するようなところがあります。そんな自分には限りない成功や権力、才気と美しさ、あるいは理想的な愛が与えられるのが当然であると確信しています。それほど特別な自分は同じように特別な人々から認められたり関係を持つことができるはずで、どこにいっても自分は高く評価され、特別な扱いを受けるのが当然であると信じています。だから、いつでも態度は大きく傲岸不遜《ごうがんふそん》です。そのぶん他人の気持ちへの共感や配慮に乏しく、自分の目的のためなら相手を利用しても良いと考えています。また、たいへん嫉妬《しっと》深く、また自分自身もいつも人から嫉妬されていると感じています。

どうでしょうか。なんとも嫌な人格ですね。もっともパーソナリティ障害という診断は、「とにかく嫌な、困った性格」を十二パターン分類してみました、というものですから当然ではあります。とにかく、とことん自己中な人をイメージしていただければ、この診断が付くでしょう。ただし私は、自分でこの診断名をつけた事例がほとんどありません。数十年前に一例だけこの診断が該当するかもしれないと思った人はいましたが、とにかく事例が少ないのです。ひょっとしたら北米にはもっと事例が多いのかもしれません。現代の王侯貴族階層というべき「セレブ」界隈《かいわい》には、こういう人がいてもおかしくはないと思います。もっとも、周囲の環境がこうした振る舞いを許容している場合は、環境に適応できているわけですから、診断など余計なお世話、ということになるでしょう。パーソナリティ障害の診断は、その問題ゆえに本人や周囲が困っていることが条件ですから。

トランプ元米大統領は自己愛性パーソナリティ障害か

この診断名がいかに批判として使われやすいかについては、トランプ元米大統領の批判に使われた事例が典型でしょう。

二〇一七年に合衆国大統領に就任したトランプが、就任直後から連日のように過激な言動を繰り返し、大きな混乱をまねいたことはよく知られています。トランプの就任一ヶ月後に、アメリカ精神医学会に所属する医師など専門家三十五人の連名による投書が、ニューヨーク・タイムズ（二〇一七年二月十三日付）に掲載されました。専門家の一部はトランプが「自己愛性パーソナリティ（人格）障害」ではないかと疑っており、「トランプ大統領の言動が示す重大な精神的不安定さから、われわれは彼が大統領職を安全に務めることは不可能だと信じる」として、自発的な辞任を求める内容となっていました。

アメリカ精神医学会には、ゴールドウォーター・ルールと呼ばれる倫理規定があり、「精神科医が自ら診察していない公的人物について、職業的意見を述べたり、精神状態を議論したりすることは非倫理的」として禁じています。しかし、この投書をした精神科医たちは、このルールをあえて破ってでも声を挙げなければならない、と宣言しているのです。

翌年、多くの著名な精神科医や心理学者らの共著で『ドナルド・トランプの危険な兆候――精神科医たちは敢えて告発する』（バンディ・リー編、村松太郎訳、岩波書店、二〇一八年）が出版されています。こちらも「確信犯」的な出版です。こうした投書や出版に対する批判もありましたが、多くの人は支持に回りました。つまりそれだけ、トランプの言動に危機感を募らせた人が多かった、ということでしょう。

トランプの評価はともかくとして、精神科医が「自己愛」をどんなふうにみているかがよくわかるケースではありました。要するに、**自己中心的な言動を繰り返しながらも我が身を省みず、自らの業績は自画自賛し、少しでも批判されれば激怒して相手を罵倒《ばとう》、問題が起きてもすべて人のせいにするという傾向は、しばしば自己愛的と評価されるわけです。**

私もそうした見解に真っ向から異を唱えたいわけではありませんが、こうした告発行為が「精神障害を理由に要職から外すこと」にまで一般化されないかは危惧《きぐ》しています。そもそも(1)批判的文脈で診断名を用いること、(2)診断を理由に不適格性を指摘することは、いずれも一般人に対してなされれば差別、偏見でしかありません。まして(2)については、診断に基づいて未来に起きうる問題を予測している点で、いわゆる「予防拘禁（犯罪予防の名目で精神障害者の行動制限をすること）」をも肯定しかねない発想です。結局彼らの告発は、一時の話題にはなりましたが、トランプ政権には傷一つ負わせられなかったわけで、やはり精神科医はメンタルヘルス政策以外の分野で政治に関わるものではない、との確信を新たにするような出来事でした。

こうした事情は、もちろんアメリカに限った話ではありません。日本でもほぼ同じ文脈で「自己愛」という言葉が使われる傾向があるからです。もっとも多いパターンとしては、問題行動を起こした著名人や犯罪者を論評する際に、「精神障害と診断できない困った人」に対するレッテルとして用いられるようです。**このように自己愛的という表現は日本の精神医学界においては、ほぼ自己中心的という意味で扱われることが多いのです。**少なくとも書籍や論文においてこの言葉がポジティブな意味で使われている事例をあまり見たことがありません。使われるのはほぼネガティブな意味合いにおいて、ということになります。

とりわけ私が困惑するのは、ひきこもりの事例に対してこの診断が下されがちであるということです。確かに彼らは、家族に対してはひどく暴君的に振る舞う傾向があります。親を自分の手足のように使って買い物に行かせたり、金をせびって浪費をしたり、態度が気に入らないと暴力を振るったりする場合もあります。そうした表面だけを見れば、確かに自己中心的に見えなくもないでしょう。しかし実際に彼らに会って話を聞いていくと、ほとんどの場合、印象がかなり変わります。彼らはそうした自分の態度について罪悪感を覚えており、またそんなふうに振る舞ってしまう自分自身を嫌っているところがある。つまり、彼らは家族やまだ十分に信頼できていない他人に対しては、しばしば他罰的なことを口にしますが実際には自分のしていることの善悪の区別はついているし、自分のことをある程度客観的に見てもいるのです。

それゆえ、十分な信頼関係ができて以降に、この診断が該当するような事例を私は見たことがありません。いささか邪推を働かせれば、こうした診断の背景には、彼らの治療や支援に関わる専門家の陰性感情が色濃く反映されている気がしてなりません。ですから私は自己愛的という言葉を使う上ではすごく慎重ですし、使用する場合はできるだけポジティブな意味で使いたいと考えています。

精神分析における「自己愛」

ナルシシズムという言葉は昔からありました。性科学者のハヴェロック・エリスが、自慰行為に没頭する女性に対して「ナルシス的」という言葉を用い（一八九八年）、これを読んだドイツの精神科医パウル・ネッケがはじめて自己愛の意味で「ナルシシズム」という用語に言及したとされています（一八九九年）。この論文を読んだジークムント・フロイトが、「ナルシシズム」という言葉を『性欲論三篇』の中で用いました（一九〇五年）。かくして精神分析の創始者であるジークムント・フロイトは、人間心理の説明にナルシシズム概念を体系的に応用したわけです。フロイトは「自体愛」「一次的ナルシシズム」「二次的ナルシシズム」といった概念を提唱していますが、それぞれについて簡単にみておきましょう。

自体愛というのは、まだ生まれたばかりの赤ん坊が、自分と他人の区別も十分についていないような段階で、自分自身の身体に向ける欲動を指す言葉です。指しゃぶりやマスターベーションのような行為は自体愛的な行為、と呼ばれます。

次の「一次的ナルシシズム」というのは、幼児がリビドー（性的なエネルギー）のすべてを自分自身に向けるような、他者がまだ存在しない段階での自己への愛を意味しています。もっとも、最近の研究では、乳幼児がかなり早期から外的対象を認識できるとされており、フロイトの説はだいぶ分が悪いようです。ただ、乳幼児期にこうした欲望の閉鎖系を想定することは、その後のさまざまな病理を考える上で意義があるとする意見もあります。私自身も、後で触れる「二次的ナルシシズム」が「一次的ナルシシズム」から派生すると考える方が、自己愛と対象愛の入れ子状の関係を説明する上で有利になると考えてはいます。

さて、最初は自分自身に向かっていた子どものリビドーは、対象への愛に変容していきますが、その対象に幻滅するようになると、もう一度自分自身に向かうようになります。自分自身に恋愛しているような状態で、一般に広く共有されている「ナルシストのイメージ」は、こちらに近いものです。自他の区別がつかなかった「一次的ナルシシズム」の段階から、いわば自分自身を他者として発見し直し、他者のように自分を愛する段階と言えるかもしれません。

これが「二次的ナルシシズム」と呼ばれます。通常、これは退行的で病的な状態とされます。フロイトは必ずしもそう考えなかったようで、人間の主体に一貫して備わった構造であると考えていました。しかしその一方で、統合失調症を「自己愛神経症」と呼んだりもしています。これはリビドーが自己に向かっているために転移が生じない、ということも理由の一つだったようですが、さすがにこの理屈まで肯定する現代の分析家はいないでしょう。一点だけ述べておけば、統合失調症はきわめて自殺リスクの高い精神疾患です。この点を考慮しても、彼らがとりわけ自己愛的であると考える根拠は存在しないと私は考えています。

本書で私が「自己愛」と呼ぶものは、言ってみれば「病的ではない二次的ナルシシズム」といったものです。ただ、表現としてはもっと穏やかな形をとるものであって、あまり意識されない自己肯定感、自尊感情、自己への配慮、そういった感覚に近い。自他をはっきり区別した上での、成熟した自己愛という概念は、この後で触れるコフートの考えに近いですね。

この「二次的ナルシシズム」を病的、退行的とみなす発想が、現在の精神科臨床における「自己愛」の低評価につながっているように思われてなりません。でも繰り返しますが、自己肯定感も自尊感情も自己愛の成熟した形と考えるなら、むしろ生きていく上でもっとも重要な機能を自己愛が担っている、とも言えるのではないでしょうか。

ラカンのナルシシズム

フロイトの精神分析を哲学化し、体系的に発展させたジャック・ラカンは、自己愛を端的に未成熟なものとして捉《とら》えています。

生後まもない赤ん坊は神経系の発達が不十分なために、自分と他者の区別がつかず、自分の身体もイメージできません。生後六ヶ月から十八ヶ月の時期になって、ようやく子どもは鏡に映る自分の姿に関心を持ち始めます。どうして、鏡に映ったイメージを当たり前のように自分だと信じることができるのか。ラカンは、赤ん坊の理解には、母親による保証が伴うとします。鏡に映った自分の姿を、母親によって「そう、それはお前だよ」と保証されることで、赤ん坊は自分を自分と認識できるのです。

ばらばらだった身体イメージが鏡の中でまとまり、一つの直感的イメージとして獲得できたことに、赤ん坊は喜びを感じます。この認識こそが、人間の最初の知能だとされます。このように鏡に映し出された像の力を借りて、子どもがはじめて自分のイメージを持つ時期を、ラカンは「鏡像段階」と呼びました。

ラカンは、人間が「鏡像という幻想」に最初から支配されている、と考えます。自分の書いた文字を鏡に映せば左右反転して読めないのと同じように、鏡に映った自分の顔には大きな「ウソ」が入り込んでいるというわけです。ラカンによれば、人間は鏡に映った像、すなわち幻想（ウソ）の力を借りなければ、そもそも「自分」であることができません。人間は、自分自身の眼で自分を直接に眺めることはできないので、かわりに鏡に映った左右反転した自分を、自分だと思い込んでいる。これを精神分析では、「主体は自我を鏡像の中に疎外する」とややこしく述べる場合もあります。

鏡の力を借りている限り、人間が「真の自分の姿」にたどりつくことはない。この鏡像段階が、想像界つまりイメージや「ウソの世界」の起源となるのです。

ラカンによれば、自己愛の起源もまた、鏡像段階にあると考えられます。自己愛は、「鏡の中の自分」というイメージを愛する＝「ナルシシズム」として、否定の対象となっていきました。ただし、鏡に映ったイメージが本当の自分の姿ではないということを考えるなら、鏡像段階というのは、本当の自分とは左右が反転した形のイメージに自分を同一化し、それが本当の自分ではないということを忘れていく過程と言えるかもしれません。

ちなみに今さらですが、ナルシシズムの元ネタはギリシャ神話に登場する美青年ナルキッソス Narcissus（英語読みならナーシサス）の物語です。ナルキッソスは、彼に恋した森のニンフ、エコーにつれなくしてしまったために、エコーはひきこもったあげくに声だけの存在になってしまいます。その思いやりのなさに腹を立てた復讐《ふくしゅう》の女神ネメシスが、ナルキッソスに呪いをかけます。その呪いのせいで、ナルキッソスは水を飲もうとした泉の水面に映った美青年、つまり自分の姿に恋をしてしまいます。ナルキッソスは、自分の似姿に魅了されたまま、その場から離れることもかなわず、だんだんと衰弱して死に至ります。彼の死体があった場所に咲いていた黄色い花は、のちに水仙（ナルキッソス）と呼ばれることになったと言います。

この物語では、ナルキッソスは鏡像を自分ではなく、他人だと思い込んでいますね。つまりナルシシズムは、その起源からすでに、真の自分自身ならぬ「自分によく似た他人のイメージ」への執着だったのです。ここで「似ている」ということには、どんな基準も制約もありません。似ているかどうかは、常に純粋に、主観的な判断だからです。

ここからラカンは、視覚イメージに魅了されることを、多かれ少なかれナルシシズムの作用とみなしています。**鏡像段階に起源を持つイメージの世界、すなわち想像界は、そのはじまりから深く自己愛と結びついています。**自分だけの想像や空想だけに浸っているファンタジーな人が、しばしば自己愛的に見えるのはそのためです。いわゆる「オタク」のネガティブなイメージも、ここに由来するところがあります。もっともオタクの自意識には、本書のテーマである自傷的自己愛の要素も多分に含まれていますので、そう簡単な話ではないのですが。

「小さな違いの自己愛」

ところで、「自分とよく似ていること」は、強い愛着、もしくは激しい攻撃性をもたらすことがあります。たとえばフロイトは「小さな違いの自己愛」ということを指摘しています。外見や性質がまったくかけ離れたものどうしでは生じにくい敵意が、似たものどうしの間では生じやすいことがあります。それは、似ているがゆえに、ほんの少しの違いに固執して、自分のほうが優位に立とうという感情をさしています。よく言われる「近親憎悪」に近い感情と言えるでしょう。

たとえばハリウッド・スキャンダルは面白くはあってもそんなに嫉妬はかき立てられない。でも、日本の芸能スキャンダルになると、嫉妬やら羨望《せんぼう》やらで、ずいぶんと叩《たた》かれたり足をひっぱられたりする。自分の同胞だからこそ向けられる強い攻撃性の良い例でしょう。その源には、「俺があいつの立場だったら」という同一化の想像力が働いているわけですが、これこそがナルシシズムの産物です。

ナルシシズムに浸る人は、幻想に騙《だま》されやすいとされています。昨今、世にはびこる荒唐無稽《むけい》な陰謀論を信じてしまう人もまた、強烈な自己愛の持ち主だと思われます。マスメディア報道に見るような標準的社会理解に囚《とら》われない自分でありたい、という思いは、自己愛そのものです。人は、安直に自己愛を満たす手段に走りがちです。この点については後でも触れます。

自己愛についてのラカンの功績は、一見すると自己愛が関係ないような現象や行動にも、「自己愛」が宿ると看破したことにあると私は考えています。たとえば、ある小説家は非常に個性的な文体で知られていますが、彼は対談で「文章に自分を出そうとは全然思っていないのに、書いたものは独特の文体があるなどと言われて心外」という意味の発言をしています。こういう無防備な発言を読むと、精神分析家としての私は「これこそが典型的な自己愛の表出」と言いたくなります。それが悪いという意味ではもちろんありません。というか、**「自覚なしに自己愛的な振る舞いをする人」は他人からも愛されやすい傾向があるとすら思います。**

「自分が大嫌い」の精神分析

本書で提唱する「自傷的自己愛」という概念も、ラカンの理論がなければ発見できなかったかもしれません。なにしろ、**ことさらに「自分が大嫌い」と言う人ほど自己愛的である**、という逆説的な意味なので。しかし残念なことに、当のラカン派は、自己愛と「去勢」の関係に言及する程度で、自己愛の功罪を理論的に発展させてはいません。むしろラカニアン（ラカン研究者）の多くは、「ナルシシズム」という言葉をもっとも批判的な意味を込めて使う人々だと思います。とりわけオカルト的だったり、生命論的だったり、包摂や調和を強調しすぎるような理論に対しては、ただちにこうした批判の刃が向けられる傾向があるようです。

たとえばラカン派的な立場からすれば、ユング派の議論は非常にナルシシック（フランス語です。英語だと「ナルシスティック」）に見えるし、北米の自我心理学なども同断です。彼らは他者の自己愛には実に容赦がありません。かく言う私も、かつてはその痛快さにしびれたクチではありますが、後年になって皮肉な事実に気付きました。他者のナルシシズムを斬りまくる彼らこそが、誰よりも自己愛的な振る舞いに陥っていはしないか。まさにミイラ取りがミイラになるような事態ですね。彼らが自己愛的として切り捨てた理論家のほうが、弱者に優しく他者を尊重しているように見えることもしばしばありました。

おそらくここには、自己愛的＝悪いものというシンプルすぎる図式の問題が含まれています。しかし繰り返しますが、人間は自己愛なくして生きてはいけない存在です。自己愛要素を徹底的に削《そ》ぎ落とした純粋理論がありうるとして、それは真理かもしれませんが、人間が生きる糧にはなりえないのではないか。やはり「人は自己愛なくしては生きられない」という前提で、自己愛を肯定的に見直す必要があるのではないでしょうか。

ひょっとすると「自己愛」という言葉が悪いのではないか。そう考えている人もいるかもしれません。たしかに自己愛という言葉は、他者への愛の対立物という含みを感じさせます。むしろ自己肯定感とか自尊感情とか、そういう言葉のほうが受け容《い》れやすいのではないか。いっそ全部ひっくるめて「愛」でいいんじゃないか。そんな意見もありうるでしょう。

しかしたとえば「自己肯定感」という言葉は狭すぎます。自己否定の契機も含むような自己愛の多義性が重要なのです。いっぽう、ただの「愛」だけだと広過ぎますし、ほぼ自動的に「他者への愛」と受けとられてしまう可能性もある。一般に馴染《なじ》んだ言葉という点からも、多義的でありつつ限定的でもあるという点からも、やはり「自己愛」という言葉の汎用性は捨てがたい。よって本書では、ひきつづき「自己愛」という言葉で統一していこうと思います。

コフートの自己愛理論

フロイトやラカン派が自己愛を否定的に捉えたのに対し、肯定的に捉える分析家もいました。エリクソン、ハルトマン、ウィニコットらがそうですが、議論が煩雑になるので本書では触れません。ちなみに日本人の分析家では、小此木《おこのぎ》啓吾《けいご》氏は自己愛を否定的に捉え、土居《どい》健郎《たけお》氏はナルシシズムを、自己愛が満たされなかった場合の病理であって、自己愛そのものは健康なものと捉えていました。私自身は土居氏の理解にほぼ同意します。

ここではハインツ・コフートの自己心理学を紹介しておきたいと思います。コフートは健全な自己愛は、人間の心身の健康に欠かせないものとしています。ずっと否定的なニュアンスで捉えられてきた自己愛を、健康的で成熟した人間に欠くべからざるものと考えたのです。私の自己愛についての考えは、コフートに大きく依拠しています。

コフートは一九一三年にウィーンのユダヤ人の裕福な家庭に一人っ子として生まれました。二十四歳でアウグスト・アイヒホルンという人の教育分析を受け、二十五歳のときにウィーン大学で医学の学位を取っています。一九四〇年、二十七歳のときにアメリカに移住して、シカゴ大学病院神経科のレジデント（研修医）をする傍ら、シカゴ精神分析研究所でトレーニングを受け、三十四歳でシカゴ大学医学部の助教授になっています。大変なエリートですね。さらに四十歳でシカゴ精神分析研究所のスタッフになり、六四年にはアメリカ精神分析学会の会長になります。コフート理論の影響を受けた人のことをコフーシャンといいますけれども、いまも全世界にコフーシャンはたくさんいますし、日本でもひところはかなり人気がありました。まったく新しい治療技法を生み出した人というわけではありませんが、自己愛の重要性をもっとも緻密《ちみつ》に理論化した人です。

「自己」と「対象」の望ましい関係

コフートは、人間の一生を自己愛の成熟の過程であると考えていました。ここで、**健全な自己愛の成熟において重要なのは、自分の一部として感じられるような他者、すなわち「自己―対象」との関係です。**赤ん坊にとっては、母親が最初の重要な「自己―対象」となります。成長すれば、自分にとって身近で大切な存在である両親やきょうだい、友人、恋人、パートナー、仕事仲間なども「自己―対象」になり得ます。そればかりか、ぬいぐるみなどの無生物も「自己―対象」に含まれるとされています。

こうした「自己―対象」との関係を通じて、子どもはいろいろな能力やスキルを吸収していきます。たとえば、母親の能力を取り込むことによって、自律的に振る舞えるようになるとか、自分の身を守れるようになる、とかですね。コフートはこうした能力を、単に匿名的な知識や手続きとして習得するのではなく、常に属人的なものとして吸収していくと考えていたわけです。

人間は「自己―対象」から、生きていくうえで大切なさまざまな能力を吸収していくわけですから、人間の成長すなわち自己愛の成熟のためには、さまざまな「自己―対象」との出会いが必要となります。こうした能力の取り込みのことを「変容性内在化」と言います。食事の比喩《ひゆ》で言えば、「変容」というのは、食べ物を消化すること、「内在化」は消化された食物を吸収し血肉化することにあたります。人間の自己は「自己―対象」という食べ物を消化吸収しながら成長していくわけですが、もちろんそれで対象がダメージを受けるわけではありません。比喩的に消化吸収と言っていますが、実質的には模倣なわけですから。

他者の機能を取り込むことで、人間の自己は複雑化し、いっそう安定した構造を獲得していきます。発達途上の人間の自己は、単純な二極構造になっているとコフートは述べています。二つの「極」、すなわち「向上心（野心）」と「理想」があり、日本語だと野心も理想も同じように聞こえますが、それぞれが人生のエンジンとゴールにあたります。**ゴールだけ示されても前に進めませんし、エネルギーだけあっても方向性が定まらなければ何にもなりません。**野心というエンジンで、理想というゴールを目指すことが必要となります。

最初の「野心」は、母親からの無条件の承認によって育まれます。たとえ子どもが「僕は何でもできる、僕はすごい」といった誇大な自己イメージを出してきても、それをたしなめたり否定したりせずに、共感しながらそれを映し返したり響き返したりすること。こうした母親からの肯定的な反応によって、子どもの野心は、現実的で成熟した向上心へと変化していくとされています。これが先に述べた二極構造における「野心の極」になります。

ここで**母親が肯定的な反応を返してあげられず、無視したり叱りつけたりして共感的ではない接しかたをすると、子どもは深く傷つき、そのトラウマが心の欠損として残り、自己愛の発達にブレーキをかけます。**自信をなくすというより、未熟な誇大自己（「すごいボク」のイメージ）の段階で発達が止まってしまうわけです。コフートはこの欠損がパーソナリティ障害の原因になると考えていました。実際にそうなるかどうかはともかく、この時期の不適切な対応がその後に大きな影響を及ぼすことは間違いないでしょう。

ここまで読んだ方の中には、「ちょっと母親の存在を重視しすぎなのでは」と感じられた方もおられるかもしれません。これはまったくその通りで、コフート理論はしばしば「悪い母親理論（bad mother theory）」などと批判されてきました。確かに、ここまで母親の影響が大きいとみなされると、その後の子どもの問題の多くが、母親の養育方針のせいにされかねません。私はこの点は多少の修正が必要ではないかと考えています。**昨今の**

愛着理論のように、子どもにとっての重要な自己―対象は、母親でも父親でもかまわないし、なんなら血縁のない大人でもその役割を引き受けられる、と考える方がいいでしょう。

適度の欲求不満の大切さ

さて、二つの極のうち「野心」の極についてはわかりましたが、「理想」についてはどうでしょうか。

一般に、**理想の極にあるのは、理想化された親のイマーゴ（イメージ）です。子どもの中にある理想的な親、スーパーマンのように万能な親というイメージとの関係。この関係**を通じて、人生における理想の大切さを子どもはしだいに理解し、その結果、理想がもう一つの極になるとされています。

こうした発達過程においてコフートは「適度の欲求不満（optimal frustration）」をことのほか重視しています。先に述べたように、**親は子どもによって理想化されますが、そうした親からの反応は、いつも子どもの期待通りとは限りません。**子どもはそのことにいくぶんかの欲求不満を感じます。こうした欲求不満をくりかえしながら、親という自己―対象への評価は、次第に現実的なものに変わっていきます。同時に子どもは、欲求不満を感じても自分をなだめるやりかたを学ぶとされています。つまり、**「適度の欲求不満」もまた、自己の安定化と成熟につながるのです。**

「適度な欲求不満」という言葉は、いろんな場面で応用が利きます。とりわけ育児とか、子どもに接する場合の一つのあり方として有用な考え方です。たとえば、何でも子どものいいなりに応ずることも、子どもの要求を全否定して押さえつけることも、どちらも誤りということになります。子どもの事情と親の事情をすりあわせ、現実的な妥協ラインをみつけること。それはおそらく双方に、いくばくかの不満を残すことになるでしょうが、そこで生ずる「適度な欲求不満」こそが、人の成長を促すと考えられます。それは子どもばかりではなく、親の成熟をも促すことになるでしょう。この過程は親子関係のみならず、患者と治療者、生徒と教師、当事者と支援者などの関係にもあてはまるように思います。

家族が与えられない性愛のスキル

さて、未成熟な自己は、「野心」と「理想」の二極構造であると述べてきました。しかし現実世界を生き延びるには、それだけでは不十分です。エンジンとゴールは人を動かすでしょうが、正しくゴールを目指すには、さまざまなスキルが必要となるからです。たとえば母親のような人間になりたいと願ったとしても、そのためには社会に参加し、他者とコミュニケーションを重ね、さまざまな知識や技能を習得する必要がある。そういうスキルを与えてくれるのは、友人や知人、先輩や教師といった「自己―対象」ということになります。なぜ家族はスキルを与えられないのか。典型的には「性愛」があります。性愛のスキルを家族が与えることはできません（「性教育」とは異なります）。それは必然的に、家庭の外で、家族以外の他者から学ぶべきものです。

人がひきこもってしまうことについて、私が一番危惧するのは、実はこの点です。**家族以外の他者との接点を持たないことによって、人は生きる上で必要な「スキル」を獲得する機会から遠ざかってしまうのではないか。**「そんなものはネットがあれば学べる」という考え方もあるでしょうし、確かにそういう形で補える場合もあるでしょう。私が危惧するのは、ここで想定されているスキルというものが、単なる知識や手続きとは異なると考えるからです。

コフートの理論に基づくなら、野心も理想もスキルも、いずれも属人的なものとして消化吸収される必要があります。もっと言えば、いずれも関係性の中でしか血肉化され得ないとコフートは考えていたのではないか。古い考え方と言われるかもしれませんが、このコロナ禍で対人交流の機会がほとんどオンラインとなり、家族以外の人間関係からかつてないほど距離ができた今、「やはりコフートは正しかったのではないか」との思いが捨てきれないのも事実です。

家族以外の対人関係が大事

もともと私は「〈家族以外の対人関係〉なくしては人間の成熟はあり得ない」と考えていました。別に「人はすべからく成熟すべし」と考えているわけではありませんし、成熟せずに生きられる社会は良い社会であるとも考えています。ただ、この社会には成熟によって避けられる苦痛がたくさんあるとは考えています。長期にひきこもってしまった人が成熟から遠ざかっているように見えるのは、まさに「家族以外の対人関係の欠如」ゆえではないか。そのことに起因する成熟困難が、当事者を苦しめている可能性はないか。ひきこもることそれ自体を問題視したり病気扱いしたりすることは間違いですが、それとは別に、こうした視点はもう少し維持しておきたいと考えています。

さまざまな「自己—対象」から、スキルを始めとする多くの機能を取り込むことで、自己の構造は複雑化し、安定したものに変わっていきます。この安定した状態をコフートは

「融和した自己」と呼びました。もちろんそれが最終的な完成形ではありません。「融和した自己」は、一つのシステムとして、周囲の他者と関わりながら、さらに他者の機能やスキルを吸収し、さらに安定度を高めていきます。そうした動的で複雑な安定状態が「融和した自己」ということになるでしょう。

コフートによれば、**自己愛の発達のもっとも望ましい条件は、青年期や成人期を通じて自己を支持してくれる対象が持続することです。**特に青年期には、たとえ一人でも、無条件で支持してくれる人の存在が重要です。こうした対象が欠けたままでは、自己愛を健全に成熟・成長させることが困難になるからです。ここで注意したいのは、「何でも承認してくれる対象」が大事なわけではない、という点です。**ほめてくれることもあれば、批判的なことを言われる場合もあるけれど、総体としては受容してくれる存在、というふうに言えば良いでしょうか。**たとえば「親友」や「恩師」とは、そうした対象ではないでしょうか。そうした対象との相互作用が、それぞれの自己愛を成熟させてくれるわけです。

さきほど私は「たとえ一人でも」と書きましたが、できればそういう対象は複数いてほしい。熊谷晋一郎《くまがやしんいちろう》氏の名言「自立とは依存先を増やすこと」にならって言えば、「**自己愛の成熟とは良き〈自己―対象〉を増やすこと**」とも言えるからです。もちろん数が多ければ良いというものではありませんが、安定という点から考えると、一人よりは複数が良いと考えるのは自然なことと思います。

コフートはこうした考え方を、治療についてもあてはめています。彼は精神分析による治癒の本質を「成熟した成人のレベルでの自己と自己対象の共感的調和を確立することである」としています。つまり先にも述べた「融和した自己」のイメージですね。このイメージに基づいて、自傷的自己愛の構造について少し詳しく検討してみます。

生きていく上でかかせない自己愛

ひきこもっている人は、しばしば「生きている意味がないから死にたい」という言葉を口にします。ふつうに考えたらこれは希死念慮なので、ただちに入院を含む治療を開始すべき状況ですが、少なくとも私はそうはしません。彼らの「死にたい」は、しばしば「死にたいくらい辛《つら》い」という意味であり、「辛すぎるからちょっと意識を飛ばしたい」というほどの意味だったりします。幸いなことに、そういう言葉を口にしながらも彼らの多くは自殺既遂には至りません。ひきこもりが自殺をしないというわけではもちろんないのですが、希死念慮を口にする者の多さに比べれば、実行に至る人はずっと少ない。これはなぜでしょうか。

私の考えでは、それは彼らの自己愛が〈健康〉だからです。

自己愛が本当に破壊されると、人は簡単に死に近づきます。うつ病や統合失調症などの自殺率が高いのは、その症状もさることながら、自己愛がひどく破壊されてしまうためではないかと私は考えています。**自己愛が健康な人は、悩み苦しんで「死にたい」と思ったとしても、簡単には死ねません。**ひきこもりの自己愛はその意味で健康であり、だからこそ彼らが自殺する頻度は希死念慮の多さの割に、比較的少ないのです。もし希死念慮＝自殺だったら、訴えを聞いたら直ちに強制的にでも入院治療に踏み切らなければ危険、ということになります。しかし私は、ひきこもり当事者に「死にたい」と言われたからといって、ただちに入院手続きを取ろうとは思いません。

自傷的自己愛もまた、いびつさはありますが、病的と言い切れるような感情ではありません。そのいびつさについてはいろいろなことが言えそうですが、一番わかりやすい言い方は「**プライドは高いが自信はない**」でしょうか。

自信とプライドは同じではないのか？　と疑問に感じられた方もいるでしょうが、厳密に言えば両者は異なります。**ここで言う自信とは、今の自分自身に対する無条件の肯定的**

感情のことです。プライドとは「かくあるべき自分」へのこだわりのことです。精神分析的には前者は「理想自我」、後者は「自我理想」と呼ばれることもあります。この二つは両立することもありますが、しばしば逆相関の関係になりやすいようです。自信がある人はプライドにこだわらないし、プライドが高い人は実は自信がないことが多い、というように。ただし両方とも枯渇してしまったら、それは自己愛が壊れつつあるという意味で危険な徴候と思います。

プライドは高いが自信はない

ひきこもりの当事者には、「プライドが高いのに自信がない」という人が非常に多い。彼らがなかなか病院を受診したり支援機関に相談に行ったりしたがらないのは、しばしば高いプライドゆえです。「自分の頭はおかしくない」「支援者の助けを借りるなんて惨めったらしいことはしたくない」といったプライドです。しかし反面、彼らの自己評価は非常に低い。つまり自信がないのです。**現在の自分には自信がないからこそ、あるべき自分の姿（プライド）にしがみつく。**だから彼らは、支援に結びつくのが遅れがちになります。

ただ、だからといって彼らのプライドの高さに苛立《いらだ》ち、「現実を見ろ」「余計なプライドを捨てろ」「分相応に考えろ」などと批判するのは無益かつ有害です。自己愛の総体で考えるならば、**彼らは枯渇してしまった自信を、高いプライドによって補い、必死で支えようとしている。**そう考えれば、彼らに対して「プライドが高すぎる」とか「自己愛性パーソナリティ」などのような、安易な批判や診断を控えるべき理由もおわかりいただけるでしょう。よかれと思って「プライドの鼻をへし折った」結果として、自己愛に多大な損傷を負わせてしまう可能性があるからです。

繰り返しますが、**自傷的自己愛の一番わかりやすい構造は、この「高いプライドと低い自信」というギャップです。**プライド、すなわち、あるべき自己イメージの要求水準が高すぎて、現実の自分を否定するしかなくなってしまう。しかし、そんな自分をきちんと客観視できていることについては自信があるので、他人の前で自己卑下を繰り返しながら「正気の証明」をし続けてしまう。

私も経験がありますが、「自分で自分をとことん貶《おとし》めてみせる」瞬間には奇妙な快感があります。どんなに貶めても誰も傷つけず、誰からも文句を言われない――と思い込める――唯一の存在が自分自身です。その欠点も弱点もすべて知り尽くしている――ような気がする――存在も自分自身です。鋭利な刃で自分自身をずたずたに切り刻んでみせることがもたらす、一時の爽快感《そうかい》には、自傷行為と同様の依存性があるようにすら思えます。

松本俊彦《まつもととしひこ》氏らによれば、自傷は死に至る行為ではありますが、自殺企図ではありません。むしろ自傷は、少なくともその初期においては「死なないため」の手段とされています。自傷経験者はしばしば「切るとすっきりする」と言いますが、自傷には不安やいらいら、緊張などを解放するためのガス抜き的な効果があることがわかっています。自傷の瞬間にはエンケファリンと呼ばれる脳内麻薬が分泌され、それが心の苦痛も緩和してくれるというメカニズムも知られています。

また自傷行為には、周囲に自分の苦しい状況をアピールするための援助希求行動という意味もあります。ただ、何度も繰り返すうちに周囲も無関心になって本人が孤立していき、その苦痛をやわらげるためにさらに自傷が習慣化する、という悪循環が生じがちです。こうした悪循環が最終的に自殺既遂に至ることが非常に多いため、「自傷は死に至る行為」と呼ばれるのです。

自己否定は承認を求めるアピール

初期の自傷が「死なないため」になされる自己愛的な行為であるとしたら、自己否定的な言動についてはどうでしょうか。自傷的自己愛もまた「死に至る自己愛」なのでしょうか。そうしたリスクもゼロではありません。しかし、少なくとも初期段階においては、自己否定もまた自己愛の防波堤となっている可能性があります。どういうことでしょうか。

まず一点目として、**自己否定は自傷行為と同様に、周囲からの承認を求めるアピールであり、意図せざる援助希求行動であるとも考えられます。**彼らが無意識に行っているのは、自己否定が反論を誘発し、その反論に対してさらに感情的に反発することで、相手と「関係」することなのかもしれません。

二点目としては、自己否定が自己コントロールという側面を持つことです。彼らの自己否定は、自分はダメな人間である事実は自分自身が誰よりもよく知っており、自身を評価する権利は誰にも渡さない、という意思表示にも見えます。自傷がストレスコーピングの一つのスタイルであるのと同様に、自己否定にもそうした意味をみてとることができるでしょう。**ネガティブなものであれ、現状を正確に認識しようとすることは、自己を適切に律しようとする試みの第一歩です。**ただ問題は、本来はストレスコーピングであったはずのコントロールが、ひたすらネガティブな方向に傾いていきがちである点です。

これは「万能感」と「無力感」のどちらが訂正可能であるかを考えてみればわかりやす

いと思います。**万能感や全能感にまで高まった自己肯定感は、客観的事実や客観評価の壁にぶつかりながら修正を余儀なくされていきます。**ひきこもったままの万能感は壁にぶつからないため修正困難な場合がありますが、社会との接点が維持されていれば万能感は修正を余儀なくされる。これは当然のことです。

一方、**自己否定から来る無力感は、訂正がきわめて困難です。**万能感も無力感も自己愛的な幻想に過ぎないのですが、**万能感は先にも述べたように修正される機会が多いのに対して、無力感はそうした機会に乏しいためです。**個人の無力感をなんとかしようと思ったら、周囲がその人を称賛したり肯定的評価をしたりして、無力感を修正しなければなりませんが、周囲の肯定的評価は本人が相手にしなければそれっきりですし、いつも周囲の人が好意的とも限りません。

そう、万能感はその本質からして開かれた幻想なので修正機会がありますが、無力感は徹底して閉じた幻想なので、修正がきわめて難しい。**つまり自傷的自己愛は、徹底して閉じているという点で、もっとも完結した自己愛と考えることもできます。**「自分はダメだ、どうしようもない人間だ」と「わかって」しまった人が、自分自身と和解することは、喧《けん》嘩《か》別れした他者との関係修復よりもずっと難しいでしょう。そういう人ほど「自分のことは自分が一番わかっている」という常套句《じょうとうく》を信じていますから、他者からの説得には耳を貸しませんし、自分で自分の意外な側面に気付くなどということは至難のわざでしょう。

誰もがおちいる可能性のある「自己愛の捻れ」

そうなると問題は「自傷的自己愛」という自意識のありようが、どんな問題をひきおこすか、ということになります。繰り返しますが、これは「病気」ではありません。誰もがおちいる可能性のある「自己愛の捻《ねじ》れ」です。ただそれが長期に続くと、さまざまな弊害につながることを述べておきたいのです。

まずは人間関係です。自傷的自己愛を持ってしまった人は、対人関係において、様々な問題を抱えます。典型的には、自分を卑下するあまり人間関係から遠ざかってしまうということがあり得ます。「自分のようなダメな人間と付き合ってもらうことは申し訳ない」「相手にとっても迷惑に違いない」「うまくいっている（であろう）人と会うといっそう惨めになる」といった理由から、仲間関係から離れていったり、親しかった人と距離を取ったりということが起こりえます。また、対人場面において自己卑下や自己批判を繰り返す人は、次第に敬遠されていくであろうことも想像に難くありません。

先ほども述べましたが、自己批判を繰り返す人ほど、自分と他人を比較したり、自分の価値について思い悩んだりするなどして、結果的に「**自分について考え続けることで忙しい**」状態に陥りがちです。この、自分に対する尋常ならざる関心ゆえに、私はそれを「自己愛」と呼ぶのです。それはともかく、**自己批判的な人ほど、他者からの好意や愛情に対して鈍感になりやすく、また好意に気づいても自分で否定してしまいがちです。**まして他者を愛したり好きになったりといったことは、いっそう困難になってしまいます。社会的には成功していながら自傷的自己愛を有すると思《おぼ》しい女性を何人か知っていますが、美人で聡明《そうめい》な彼女たちは一様に「自分がモテている」ことについて驚くほど鈍感か、無関心でした。この傾向はかなりの程度、一般化できるように思います。

このことと矛盾するようですが、自傷的自己愛を持つ人が、他者から向けられた好意を過大評価してしまい、その相手に強く執着してしまうこともあります。特に異性関係においては、「こんな自分でも愛してくれる貴重な他者」として過剰に執着し、相手が自分の期待に応《こた》えてくれないと、逆に激しく攻撃したり、ストーカーめいた振る舞いに陥ってしまう場合もあります。

自傷的自己愛者と家族

自傷的自己愛者の家族関係は一般的にあまり良好とは言えません。一概には言えませんが比較的多いパターンとしては、家族に対して強い恨みつらみを持っている場合があります。自分のダメな部分が、親の間違った子育てに起因すると思い込んでいる場合ほど、そうした傾向は強まります。「こんな自分を産んだ親」「こんな自分に育てた親」が全て悪いと思い込み、時には家庭内暴力に発展する場合もあります。

難しいのは、**当事者にとっての家族は自分自身の一部のようなものなので、家族への攻撃も自傷行為的なニュアンスを帯びやすく、攻撃すればするほど自分も惨めになるという悪循環が起こりやすいということです**。これとは逆に、家族に対してひどく遠慮がちになる人もいます。先ほどの他者に対する姿勢と同じように、「自分のようなダメ人間を養ってくれて申し訳ない」という思いからそうなってしまう場合もあるのです。こうした相反する態度が同根であり得ることも、意外なほど知られていません。

こういう状況にある人は、次第に自分の欲望を抑えるようになり最後には「何も欲しくない」という無欲な状態になってしまうこともあります。こうなると本当に、朝起きて食事をして夜寝るだけという生活になってしまいます。こうした無欲化が一番こわいので、私は家族には必ず小遣いを渡すように促すことにしています。**ひきこもりにとって「お金は薬」と言った人がいましたが、まさに至言です。少なくともお金は、欲望が完全に枯れてしまうことを防ぐ力があります。**

さきほど私は、自傷的自己愛が本当に死につながるリスクは高くないと言いましたが、これから先どうなるかまではわかりません。自傷的自己愛からこの無欲化に至った人について懸念されるのは「親亡き後」です。親の死で一念発起する可能性もゼロではないとは言え、無欲・無活動のまま還暦を超えてしまった当事者が、親亡き後にたちまち困窮するであろうことは想像に難くありません。最悪の場合、孤独死のリスクもあるでしょう。

いわゆる八〇五〇問題についての最大の懸念はここにあります。現在ですら、ひきこもりの支援現場では、親亡き後たった一人でひきこもり、支援者が訪問してもドアも開けてもらえず対応に困っているケースの報告をしばしば耳にします。自傷行為が最終的には自殺リスクを高めるように、**自傷的自己愛も無欲化と孤立化を経ることで孤独死リスクが高まっているように思われてなりません。**難しいのはそうしたリスクを踏まえて「親御さんが亡くなった後の生活について考えてみましょう」と促すことです。彼らの回答はしばしば「親が死んだら自分も死ぬからいいです」という自暴自棄なものになりやすい。この言葉は自殺の予告ではなく、やはり自傷的自己愛の表明として聞くべきだと思いますが、こうした言葉を越えて支援を続けるのはなかなかしんどいことでしょう。

「自分はダメだ」と考えがちな人たち

自傷的自己愛者は、ひきこもってしまう場合は別として、社会的にはきわめて「まとも」であったり、社交的であったりすることもあります。おそらくここには、意識的に努力してそう振る舞っている側面と、自己評価が低い人に特有の真面目さが反映されていると思われます。また、時には自身の低い自己評価のことなど忘れたかのように、仲間と楽しく過ごすこともあるようです。基本的に彼らの自己愛は、検査データ的に言えば「正常範囲」に維持されていますから、傍目には幸福そうに見えることすらあります。それもまた彼らの自然体であるはずなのですが、彼らはしばしば後付けで「無理に人に合わせて楽しそうなふりをしているけれど、自分がダメなことには変わりない」と考えがちです。

彼らを見ていて奇妙に感ずるのは、かなり激しい自己否定的な意識を抱えながらも、非常にまっとうな社会生活を営んでいる人がいることです。先に引用した漫画家の諫山創氏のように、大変な傑作を創造してしまう人もいます。つまり**自傷的自己愛は、その人の幸**

福度は下げるかもしれませんが、その人の欲望や生産性には意外にダメージを与えない可能性もある、ということになります。自傷的自己愛に悩む人はかなり潜在していると思われますが、それは十分に健康的な生活を送っている人ですら、そうした自意識から逃れられなくなることがあるという点に問題があるのかもしれません。

もう一つ言いうることは、自傷的自己愛は養育環境やトラウマに起因するとは言い切れず、人生のどの時点からでも生じうるという可能性です。やはりひきこもりが典型ですが、長期にひきこもっていると、多くの人が退行的になり、その結果として自傷的自己愛を抱いてしまうこともあるようです。ひきこもらないまでも、いじめ被害を受けたり、学校でスクールカーストの下位層に位置づけられたり、尊厳を傷つけるような職場環境など、長期にわたる劣悪な環境との相互作用で自傷的自己愛が生じてしまうこともあり得ます。こうした点については後で少し詳しく触れたいと思います。

第二章　自分探しから「いいね」探しへ

「自分が嫌い」≠自己嫌悪

ここまで読んでこられた方には「『自傷的自己愛』なんて大層な。普通に『自己嫌悪』でいいじゃないか」と思われた方もいるでしょう。

しかしもちろん、「自傷的自己愛」＝「自己嫌悪」ではありません。少なくとも私は、このあたりを意識して使い分けるようにしています。まず「自己嫌悪」には、「自己愛」の要素が含まれていませんよね。私が強調したいのは、自分を罵《ののし》ってしまう動機に自己愛がある、という逆説ですから「自己嫌悪」ではそれが伝わりません。

私の個人的印象ですが、若い人はあまり「自己嫌悪」とは言いません。「自分が嫌い」という言い方をします。同じじゃないか、と思われますか？　ここにも微妙な差異があります。あくまでも私の主観ですが、「自己嫌悪」という言葉は部分的です。なんらかのヘマをやらかしてしまって、そんなおりに、一時的に自分が嫌になる感覚。いっぽう「自分が嫌い」という言葉はかなり重いです。いつでも、常に、「自分という存在」が許せない、そういう感じに近い気がします。**自分という存在の一部を否定するのが「自己嫌悪」、まるごと否定しつくすのが「自分が嫌い」**。どうでしょうか。そんなに外れてはいないと思います。

なので、自己嫌悪は自己嫌悪でしかありません。その瞬間は心の底から自分にうんざりしている。だから人から慰められれば少しは救われたりもします。一方「自分が嫌い」についてはどうでしょう。繰り返しますが、その根底には自己愛があります。このねじれがあるゆえに、他人からの励ましや慰めを自分の存在の否定のように感じてしまい、救われるどころか怒り出すのです。

こうした特異な自己愛のありようは、割と最近になってからのものです。このことは、精神疾患のありようにも影響を及ぼしているように思います。重度のうつ病や統合失調症のような典型的な精神疾患の患者は明らかな減少傾向にありますが、そのかわりに非特異的な「自傷的自己愛」を抱えた患者、**病気と診断されるには症状が比較的軽い「サブクリニカル」な患者が増えています**。ちなみに自傷的自己愛は、ひきこもりばかりではなく、自傷行為や摂食障害、対人恐怖など、表現はかなり多様です。ひきこもりを例に出したのは、私がその専門家であるためと、ひきこもりにおいて自傷的自己愛の構造が一番はっきり見て取れるから、という理由があります。

自傷的自己愛は、本人にとっては大変深刻な悩みです。困るのは、通常の悩みとは異なり、その悩みを他人とは共有しにくいということです。**「自分が嫌い」という悩みは、も**

っとも個人的で内在的な悩みです。「貧困」や「親との不仲」「配偶者への不満」などの悩みは共感や共有しやすいのですが、「自分が嫌い」はむずかしい。友達に「自分が嫌い」と訴えて、「わかる～私もあなたが嫌い」とか「そうだよね、私も自分が嫌いなんだ」とか答えられても、ほとんどギャグですよね。だから思いやりのある人ほど、その人をほめたり長所を並べ立てるなどの対応をしてしまうでしょう。その結果は繰り返し述べてきた通り、本人の怒りを買うだけです。**それほど「自分が嫌い」という悩みは、それを口にした当事者を、共感されてもされなくても辛《つら》いという困難な立場に追い詰めてしまうような、やっかいな悩みなのです。**

加えて、こうした悩みはともすれば、かまってほしいだけの単なる「かまってちゃん」扱いされてしまうので、問題の深刻さが共有されにくい状況にあります。医療につながっている人はまだよいとも言えますが、潜在的にはもっと多くの人々が、「自傷的自己愛」の問題を抱えていると考えられます。しかしこの悩みは、どこまでも孤独な悩みなので、なかなか表立っては語られにくい。いったいいつから、このようなことになってきたのでしょうか？

戦後精神史はどう移り変わったか

そのことを検討するためにも、やや回り道ではありますが、戦後の精神史、とりわけ自意識のありようの変化を辿《たど》ってみたいと思います。

ごく大雑把ではありますが、私は戦後の精神史を五つに区分できると考えています。

一九六〇年代　「神経症の時代」
七〇～八〇年代中期　「統合失調症の時代」
八〇年代後期～九〇年代前期　「境界例の時代」
九〇年代後期～二〇〇〇年代中期　「解離の時代」
二〇〇〇年代後期～現在　「発達障害の時代」

具体的な年代区分については、私自身にも複数の解釈があるので、特にこだわるつもりはないのですが、重要なことは、ここに示した神経症→統合失調症→境界例→解離→発達障害という疾患名の変遷順のほうです。この点については、精神医学的にも異論は少ないと思われます。

もちろん「摂食障害がない」「ひきこもりはどうした」「現代は認知症の時代ではないのか」といった異論はあるでしょう。しかし時代を象徴する病でいえば、それほど大きく外してはいないでしょう。

本書では九〇年代以降について集中的に考えますが、ここに挙げた疾患名は時代ごとに求められた「望ましい自己イメージ」の陰画という意味もあります。

社会学者の大澤真幸《おおさわまさち》氏は、七〇年代初頭までを「欠如の時代」と呼びました（『戦後の思想空間』ちくま新書、一九九八年）。端的に物質的、経済的な欠乏が人々を動かしていた時代です。人々は欲望の自明性を疑うことなく、物質的な充足を目指すことで理想的な自己が達成されると思ってきました。こうした欲望がなければ、高度成長期のような特異な時代は支えられなかったことでしょう。

この時代を象徴する疾患は、内省的な自己意識と欲望の不合理さに苦しめられることによって生じる「神経症」でした。余談めきますがラカン派の文脈では、「神経症」は人間の正常な存在様式のひとつとみなされています。内省し、葛藤《かっとう》する存在こそが人間である、というわけです。

物質的な欠乏がそれほど重大事ではなくなった時代を、大澤氏は「欠如の不在の時代」

と呼びました（前掲書）。物質的欠乏が充足されていくにつれ、いたずらな物欲の追求は終わり、かつてないほど精神的な充足が求められるようになったのです。

ハウツー本やマナー本がベストセラー上位を占めていた六〇年代とは打って変わって、七〇年代は『知的生活の方法』（渡部昇一、講談社現代新書、一九七六年）に代表されるような、内面の充足を求める方向に、理想的な自己イメージがシフトしていきます。

この時代を象徴する疾患が、「統合失調症」です。当時は「精神分裂病」と呼ばれていましたが、治療が難しいことと、慢性化しやすさ、変容した内面のはかりがたさから、一部では「精神のガン」として恐れられていました。精神医学における究極の謎という意味で、「崇高な疾患」という位置づけさえありました。幻覚や妄想を呈し、時に無言で硬直する昏迷《こんめい》状態、支離滅裂な言動に至るこの疾患は、いわゆる「狂気」のステレオタイプとなりました。ドゥルーズが分裂病を資本主義社会の隠喩《いんゆ》とし、それを受け浅田彰《あさだあきら》氏が「スキゾとパラノ」という言葉を流行させるなど、この疾患は少なからぬ誤解をはらみつつ、八〇年代初頭まで時代を象徴する疾患となりました。

内面の充足を理想とする時代、この疾患は究極の破綻《はたん》の様相を呈しつつ、精神が違う次元に飛翔しうるかのような期待が込められていました。

この後、徐々に「境界例の時代」への移行が訪れます。この時期に隆盛を極めた概念は、「アイデンティティ（自己同一性）」です。自己同一性とは、自分が何者かを他者から区別する概念、信念、および表現を指します。「これこそが自分自身である」と言うためには、社会的な位置づけ、主体性や独自性、過去からの連続性が重要となります。

この概念を提唱した精神科医、エリク・エリクソンは、アイデンティティ獲得を青年期の重要な発達課題とみなしました。エリクソンの提唱は五〇年代ですが、その翻訳『自我同一性─アイデンティティとライフ・サイクル』（人間科学叢書、誠信書房）の出版は七三年です。私の記憶によれば、この概念が日本で人口に膾炙《かいしゃ》したのは、八〇年代でした。ちょっとした流行語だったと記憶します。糸井《いとい》重里《しげさと》氏などサブカル著名人が、よくパロディ的に使っていました。そういえばみうらじゅん氏の自伝的漫画のタイトルも『アイデンティティ&ティティ』でした。

八〇年代後期〜：境界例の時代

八〇年代後半の「境界例の時代」には、内面的な充足以上に「自分探し」が求められました。ここで、「境界例とはなにか」について、簡単に確認しておきましょう。

「境界性人格障害（＝ボーダーライン、境界例）」は、精神疾患というよりはパーソナリティ障害、つまり「偏った性格傾向」に位置づけられます。私なりに境界例人の特徴を述べるなら、「対人関係のなかで、繊細で不安定、かつ衝動的な性格という印象を与える人」でしょうか。

今風に言えば、いわゆる「メンヘラ」がこれに近いでしょう。理解不能なほど病んではいないが、日常でつきあうには繊細すぎて、いささか〝面倒〟な人のことです。境界例を説明するさいに、私がしばしば太宰治を引用するのは、太宰自身がというよりは、『人間失格』などに描かれる人物が、きわめて境界例的に見えるからです。

ごく簡単に述べておくと、境界例の病理の基本にあるのは、「分裂」（メラニー・クライン）です。念のために言い添えておけば、これは統合失調症とは無関係の言葉で、要するに物事を「白か黒か」で考える「百ゼロ思考」のことです。

グレイゾーンを許容できないという意味では、未成熟な思考形式のひとつです。この思考パターンが強い人は、対人関係においては「敵／味方思考」にはまりやすく、敵とみなした相手は激しく攻撃する一方で、味方とみなした相手のことは崇拝し、絶対化し、べったり依存します。ただし、味方と思っていた人が少しでも自分の意に沿わない言動をとると、手のひらを返すように敵認定して攻撃対象にするのです。

さらに問題なのは、彼らが相手に対して感じている怒りの感情を、しばしば相手に投影することです。自分が相手に怒っているのに、逆に相手が自分に対し攻撃してきたのだと妄想的に確信することがしばしば起こる。「投影性同一視」と呼ばれる心理メカニズムで、彼らは「人中毒」と言われるほど対人関係に依存しているにもかかわらず、不安定化しやすい。それは振れ幅の激しい対人評価がひとつの原因なのです。

ついでに言えば、ここで述べた「分裂」や「投影性同一視」は、非患者にもしばしばみられる心理メカニズムです。身近にいる配偶者や親などに対し、強い怒りや憎しみを掻《か》き立てられることはないでしょうか。境界例は、私たちとまったく無縁の「病気」ではありません。境界例とは、そういう問題がほぼ常態化した人に与えられる診断名なのです。

境界例のもう一つの特徴は、自分の不安定さや苦しさを理解しようと、心理学や精神分析を学ぼうとする人が多いことです。学ぶばかりか、良い治療者を求めてドクターショッピングを繰り返す患者も少なくありませんが、ここでも彼らの極端な対人評価が問題となります。良い治療者を見つけたと感じられれば、彼らは治療者を崇拝・依存し、一時的に状態は安定します。しかしわずかな行き違いから治療者に不満を感ずると、それまでの崇拝がたちまち怒りと怨念《おんねん》に反転し、治療者を激しく攻撃したあげく、しばしば治療は中断し、患者は次の理想的な治療者を求めてさまようのです。

心理学の一大ブーム

ここで「社会の心理学化」についても若干の解説を加えておきましょう。

「心理主義化」とも呼ばれるこの風潮は、八〇年代から九〇年代に、日本のみならず全世界を席巻しました。社会や人生における問題（とりわけ犯罪）の多くが、心理学的視点から解釈されるようになり、個人の幸福の追求、ことに「自分探し」の答えまでも心理学がもたらしてくれる、という期待が広く共有されるようになったのです。ちなみに心理学は、精神医学とほとんど同じ意味で使われています。このあたりについては、以前著書『心理学化する社会』（河出文庫、二〇〇九年）で詳しく検討しましたので、関心のある方は手に取ってみてください。

こうした風潮のもと、犯罪の原因はトラウマや発達障害といった個人心理のうちに求められるようになり、政治の問題も為政者の心理問題と理解されるようになっていきます。

メディアは、さまざまな場面で心理学者や精神科医のコメントを求めるようになり、精神科医がマスコミにひんぱんに登場するようになりました。これも、それ以前の時代にはほとんど見られなかった現象です。

ベストセラーランキングを見ても、九〇年代はかなり特異です。たとえば九二年のベストセラー一位は、『それいけ×ココロジー』（青春出版社、一九九一年）です。日本テレビ系列で放送された同名番組の書籍化ですが、出演者に心理テストを受けさせ、精神分析まがいのことをさせることで、深層心理を解き明かすといった趣旨の内容で、当時の心理学ブームを先導しました。ちなみに同年には河合《かわい》隼雄《はやお》氏の『こころの処方箋』（新潮社）もランキング十位に入っています。

この時期以降、どの書店にも必ずといっていいほど心理学書のコーナーが設けられ、大学の心理学科の競争率は、受験人口の減少にもかかわらず、ほぼ高止まりするようになりました。当時のリクルートのアンケート調査でも、女子高生のなりたい職業の第二位が「カウンセラー」だったのです。「カウンセラー」あるいは「臨床心理士」は、当時の若者にとっての憧《あこが》れの職業でした。

この時代を代表するキーワードのいくつか、「トラウマ」「ストレス」「カルト」「癒《いや》し」「エコロジー」「心の闇」「プロファイリング」などは、ここで言う心理学化と浅からぬ関係があります。

さらに当時は、フィクションの世界も一大トラウマ・ブームという様相を呈していました。いちいち作品名は挙げませんが、小説でも映画でも音楽でも、物語を進める上でトラウマは必須の要素になりつつありました。ハリウッド映画の心理学化は、クリストファー・ノーランの傑作『ダークナイト』（二〇〇八年）が、その息の根を止めるまで続いたのです。

その後心理学化は、フィクション界隈《かいわい》での扱いは縮小される一方、アカデミアの内部では確固たる地位を確立し、メディア的には「脳科学」と看板を付け替えて延命しました。二〇〇〇年代以降の「脳科学」ブームの本体は、心理学ブームとほとんど変わりません。使用される専門用語の違いと、いっそう自己啓発臭が強化されたことを除けば、内実はほぼ同質のブームです。

最初に求められたのは、心理学的な意味での「アイデンティティの確立」でした。世俗的には「自分探し」の欲望につながり、それに答えを与える学問として、心理学ブームが社会を席巻しました。ブームはその陰画として、心理学や精神医学では救われ難い患者である「境界例」を生み出しましたが、心理学人気が退潮するとともに、境界例の事例も徐々に減少していきました。

もちろん境界例が実際に減少したかどうかには異論もありますが、少なくとも私が知る臨床現場において、出会う機会が激減しているのは事実で、他の臨床家から同様の感想を聞く機会も多いのです。

九〇年代後期～：解離の時代

「境界例＝分裂」の時代が終焉《しゅうえん》したあとにもたらされたのが、「解離」です。以下に簡単に解説してみますが、わかりやすさを優先したので部分的には厳密さを欠く記述がある点はご容赦願います。

「解離」とは、「抑圧」などと同様に、防衛機制の一つで、強いトラウマやストレスなどから心を守るためのメカニズムです。

あえてひとことで言うなら、「解離」とは、人間の心における時間的・空間的な連続性が切断されることです。抑圧や分裂と同様、解離も本来は、健全な心のはたらきの一つです。たとえば失恋であれ肉親の死であれ、突然の大きな喪失体験は、人の感覚を一時的に麻痺《まひ》させます。心に感覚的な壁を設けることで苦痛を解除させ、心が事態を、時間をかけて受け入れるよう「解離」を起こしている、という言い方も可能です。

ロックコンサートやゲームなど、没頭体験のなかでも、しばしば解離は起こります。ノイズを遮断し、視野を狭くして目前の作業に没頭するには、感性や知性に壁を設けるほうが、効率が上がる場合もあるのです。

精神療法の一つ「催眠」は、人工的に解離を起こすための技法の一つです。宗教における恍惚《こうこつ》体験においても解離は起きていると推定されますし、カルトなどのマインドコントロールも解離状態を人工的に引き起こすためのさまざまなテクニックの集積、とみなすことが可能です。

解離がセルフコントロールを超えて生じる場合は、「解離症状」と呼ばれる病になります。

たとえば感覚のレベルで解離が生じると、自分が感じていることが現実味を伴って感じられない「離人症」と呼ばれる症状となります。解離が記憶のレベルで生じると、「解離性健忘」が生じます。最も重症なのは「全生活史健忘」で、これは俗にいう記憶喪失です。自分の名前や生年月日はおろか、これまでの人生の記憶をきれいさっぱり忘れてしまいますが、そのとき損なわれるのはあくまでも個人的な記憶で、「意味記憶」、すなわち一般的な知識や常識は保たれていることが多いので、日常生活は営めるのです。

解離を代表する疾患が多重人格、正しくは「解離性同一性障害」で、解離が人格レベルにまで及んだ結果、一人の身体を多数の人格が共有するに至った状態です。人格の数は数人から時に数十にも及ぶ場合があり、それぞれが異なった名前や記憶を持ち、年齢や性別もさまざまです。人格の間には知覚や記憶の隔壁があり、ある人格のとった行動を別の人格は記憶していないことも多くあります。

八〇年代から九〇年代にかけて北米を中心に発症率が急増し、わが国では比較的まれとはいえ、もはや珍しい疾患ではありません。

この原因としては、幼児期の虐待体験をはじめとするトラウマが指摘されます。虐待のような激しいストレスを経験すると、子どもは別の人格を生み出し、「この辛い経験は自分ではなく別の子どもが経験しているのだ」と転嫁することで心を守ろうとします。その結果、別人格が生み出されると説明されています。

こうした「解離ブーム」には、どのような自己イメージが投影されているのでしょうか。

結論を先に言えば、この現象は九〇年代なかばから現在まで連綿と続く「承認の時代」を象徴していると考えられます。なぜなら、「承認」において鍵《かぎ》を握っている「キャラク

ター」という概念が、きわめて解離現象と親和性が高いからです。

その結論に向かう前に、「承認の時代」の成立に関して、少し詳しく述べておこうと思います。

承認の不安の前景化

それ以前の「(心理学的な)自分探しの時代」には、若者の不安は「自分が何者であるか」という「実存の不安」が多くを占めていました。しかしその後、こうした不安は徐々に減り、それに代わるようにして「承認の不安」が前面に出てきたように思います。

これは望ましい自己イメージが、「本当の自分自身」から、「他者から承認される自分」にシフトしたことを意味しています。

この時代におけるキーワードを三つ挙げるなら、「承認」「コミュ力」「キャラ」でしょう。現代の若者——に限りませんが——の生活全体を、承認欲求が覆っています。この状況を私は「承認依存」と呼んでいます。これは構造的な問題であり、「ひきこもり」や「うつ」の原因に至るまで、深いレベルで浸透していると考えられます。とりわけ二〇〇〇年代以降、若い世代に限らず、全世界的にこうした「承認依存」傾向が色濃くなりつつあります。

あなたは不思議に思ったことはないでしょうか？　なぜ「承認欲求」などという小難しい言葉が、これほど当たり前のように流通しているのか。ベストセラーのタイトルにも「承認」や「自己肯定感」といった言葉が頻出します。とりわけ印象的だったのは『嫌われる勇気―自己啓発の源流「アドラー」の教え』（岸見一郎・古賀史健、ダイヤモンド社、二〇一三年）というベストセラーの存在でした。これは承認なんかなくてもいいよ、という本で、本書のすさまじい売れ行きは、逆説的に世間の人々が承認欲求にいかに悩んでいるかを示すかのようでした。

『嫌われる勇気』とは比較にもなりませんが、私の著書『承認をめぐる病』（ちくま文庫、二〇一六年）は、割と寄せ集めに近い論文集だったにもかかわらず、大学生協などでロングセラーになっています。もちろん内容も悪くはないのですが（笑）、これは言うまでもなくこのタイトルを付けてくれた担当編集者の功績でしょう。ちなみに表紙がふみふみこ氏描く頰杖《ほおづえ》をついた女子高生の絵だったことも、私の本にしては例外的に売れた理由の一つではあったと思います。

それはともかく、若者を中心に、かつてないほど「承認」への関心が高まっているのが

現代という時代であることは間違いないでしょう。いまや他者から承認されるか否かは、大げさではなく死活問題という様相を呈しているとすら思います。

就労動機＝承認のため？

二〇一七年版「自殺対策白書」には、若い世代の自殺が国際的に見ても深刻な状況にあり、「十五～三十四歳の若い世代で死因の第一位が自殺となっているのは、先進国では日本のみであり、その死亡率も他の国に比べて高いものとなっている」ことが指摘されています。同白書には、自殺死亡率の増加について以下のように記述されています。

「若年失業率と二十～二十九歳の自殺死亡率の推移を比較すると、両者は近い動きを示すことがわかる。こうしたことから、若年層における自殺死亡率の上昇は、経済状況の相対的な改善にもかかわらず、派遣社員、契約社員、パート、アルバイト等の非正規雇用の割合の増加など、若年層の雇用情勢が悪化していることも影響している可能性があるものと思われる。なお、特に二十歳代以下の若者の『就職失敗』による自殺者数が平成二十一年を境に急増していることにも注意が必要である」

就活自殺について、「たかが就活くらいのことで」「探せば仕事はいくらでもある」といった批判もあるでしょう。もう還暦を過ぎて、なかば旧世代に属する私には、そういう感想は理解できます。しかし、かつて新人類と呼ばれた世代に属する私としては、そうした感想はもはや過去のもの、と言わざるを得ません。「たかが就活」というのは、「食べるために働く」という観点から導かれた発想だからです。

就職が「承認のため」というのは、こういうことです。望む職業に就くことで、友人知人から「すごい」と評価されること。それればかりではありません。恥ずかしくない就職に成功することで、同世代の友人たちから見放されないという安心感、合コンを含め異性関係の獲得に有利になること、そして結婚し家庭を持つこと……これらすべてが「承認強者」の条件となります。実際にはこうした懸念の大半は杞憂《きゆう》で、多少条件の悪い職場に就職したからといって友人から見捨てられるなどということはそうそうないのですが、承認に依存してきた人にとっては、そうなるとしか思えない。周囲からあまり評価されない（と予想される）仕事に就くことは、たとえそれで食べていけたとしても、十分な承認が得られないだろうという予期ゆえに、自己愛は大いに傷つくでしょう。その結果、友人たちは何とも思っていないのに、自分から友人を遠ざけてしまう人も少なくありません。**こうした状況下では、社会的評価の高い会社（職業）に、回り道をせずに就職できるかどう**

かが、誇張ではなしに死活問題になるのです。

アベノミクスのおかげ、かどうかは知りませんが、二〇一〇年代中期以降、大学生の新卒内定率は、一時バブル期並みの水準に戻ったと報じられました。しかし、その後も就活自殺の報道は続いています。就活自殺についての統計データは見当たらなかったのですが、依然として深刻な問題であることは間違いないでしょう。

それでなくても現在の就活システムは、承認欲求を傷つけずにはおかない構造になっています。一般に学生は、一社内定するまでに、平均十三社落ちるといいます（「就活自殺」を救えるか…「大量エントリー・大量落ち」の残酷な現実　2019.11.26「現代ビジネス」　https://gendai.ismedia.jp/articles/-/68592?imp=0）。これは現代の就活が、オンラインでエントリーボタンを押し、筆記試験や面接などを経て内定を目指すというシステムであり、かつてよりもはるかに手軽に応募できることも一因とされています。気軽に大量のエントリーが可能なため、企業の側も面接前に大量の学生をふるいにかけます。このとき、表面的にはないことにされている学歴差別が、実際にはフィルターとして使われているようです。いくら気軽に応募できるからとはいえ、何社からも「あなたは要らない」と言われ続けるダメージに耐えられる人は多くはないでしょう。

まして、思春期の大部分を、「承認」のために同調圧力を受け容《い》れ、懸命に自己抑制してきた若者たちが、就活ではじめて自己分析や自己アピールを要請され、エントリーシートや面接場面で、その「自分らしさ」を繰り返し否定されるわけです。最終的に就職できたとしても、そこまでの過程で自己愛はかなりのダメージを受けるはずです。承認に依存して生きてきた度合いが強いほど、そうした絶望感は大きなものになるでしょう。

ここからは完全に憶測ですが、おそらくその人にとって「食うために働く」度合いが強いほど、こうした傷付きは軽く済むと思います。確実に食べていけることだけを目指すなら、自分の条件に見合った、確実に雇ってくれそうな職場を重点的に目指すほうが効率がいいのですから。しかし「承認のために働く」のであれば、自分の条件では無理そうな職種、会社などに「数打ちゃ当たる」式にエントリーして玉砕を繰り返すのも当然と言えば当然のことでしょう。

ソニー生命保険は、新社会人一年目、二年目の人々を対象に、「先輩社会人に言われたら、やる気が奪われてしまうセリフ」という調査を行っていますが、近年の一位は、「この仕事向いてないいんじゃやない？」とのことです。周囲は何気なく言った言葉でしょうが、言われたほうは深く傷つき、人格否定と同じダメージを受けてしまうのです。こういう言葉も「食うため」と「承認のため」では受け止め方が違うでしょう。「食うために働く」派は、向いていようがいまいが解雇されなければ何の問題もありません。しかし「承認のために働く」派にとっては致命的です。**「この仕事向いてない」ということは、この会社には居場所はなく、誰からも承認される可能性がないと言われたようなものですから。**

いやいや、「向いてない」と言われたら頑張ればいいじゃない、と言いたい人もいるでしょう。ところが、現代の若者には、そういう発想すらもかなり乏しいのです。どういうことでしょうか。

彼らの多くは「努力も才能のうち」と考えています。元はイチロー氏の言葉だそうですが、本来の意味は才能がなくても努力でカバーできる、というものだったはずです。しかしこの言葉を口にする若者の理解では「努力をする才能」がないと努力すらできない、ということになります。さらに言えば、その背景には「どうせ頑張っても何も変わらない」という思い込みがあるようなのです。

今後、自分が成長するはず、という予測が立てられない。だから、自分の力を信じて、将来はもっとよくなるという楽観を持つことができません。ある経営者に聞いた話ですが、最近の新入社員は苦手なことを頼まれると「自分にはセンスがないから無理です」と答えるそうです。ここで「センス」というのは、一種先天的な才能のことを意味しています。だから「自分には〇〇のセンスがない」ということは、どんなに頑張っても〇〇をうまくやれるはずがない、という意味になります。言わば徹底した「変化への不信」があるのです。とはいえ、そんな風に言いながらも、その社員はそれなりに頑張ったり言われたことをこなしたりしているようなので、単に自信がないだけなのかもしれません。

「自分に変化なんか起きるわけがない」

こうした「変化への不信」は、ひきこもりの若者たちの臨床場面でも感じることです。彼らは自分に変化なんか起きるわけがないと思い込んでいて、希望を持つことは無駄だと思っています。だから彼らは、頑張って社会参加する、などということを、あらかじめあきらめているのです。あきらめて動かなければ何も変わらない。そうやって年月が過ぎ去って、彼らは「やっぱり何も変わらなかった、思った通り」と思い込む。動いていないのだから当然なのですが、こうなると悪循環になります。もういっそ「変わらなくても構わない」「変わらないことを楽しもう」と考えればいいと思うのですが、何しろ彼らの考え方はとてもまっとうなので、そこまで割り切ることも難しい。これは苦しいです。

思えば私は若かった頃、まだ何者でもない自分に強い引け目や劣等感を覚えながらも、どこかで「自分には無限の伸びしろがある、そのうちなんとかなるさ」と考えることで心のバランスを保っていた、という思いがあります。ですから、自傷的自己愛まではかなり共感的に理解できるつもりでも、この「変化への不信」だけはどうしても共感できないのです。彼らももう少し、**自分の伸びしろや変化を信じることができたら自分の人生も楽観できるし、楽に生きられるだろうにな**、といつも思います。

もうおわかりのことと思いますが、自分の変化を信じられない若者にとっては、「この仕事に向いてない」という評価はあまりにも決定的です。つまり自分は、先天的に、どう頑張っても、死ぬまで、この仕事は「向いてない」状態が続く、ということになるのですから。もちろん言った側がそこまでの強い意味を込めて発言しているわけではないはずですし、実は彼らにもそれはわかっています。それでも、たとえ瞬間風速でも、自分についてそういう印象を持った人がいた、という事実だけで、打ちのめされるのには十分なのです。

このように言うと、すぐ言われるのは「近頃の若者はひ弱すぎる」といった批判です。もちろん私はこの点に同意できません。若い世代は確かに「承認依存」という弱点は抱えているかもしれませんが、反面、旧世代よりもコミュニケーションスキルははるかに高い。Z世代と呼ばれる世代からは、藤井聡太《ふじいそうた》氏や大谷翔平《おおたにしょうへい》氏といった、フィクションでもあり得ないような突出した才能が出てきています。若者全般でみると、生活満足度、つまり幸福度は上昇している。かつてよりも幸福感を覚える才能は伸びている可能性もある。要するに世代を経ることで弱点は移動したかもしれませんが、全般的に劣化するなどということは起きていない。だから私は、若い世代にあきれたり絶望したりという態度はとりません。その上で、今の若者が抱え込みやすい「承認依存」や「自傷的自己愛」といった問題について指摘し対策を考えようとしているのです。

自分を承認することが苦手

いままでもみてきた通り、特に若い世代は、自身の価値を他者からの承認に圧倒的に依存しています。言い換えるなら、他者の承認がなくても自分の才能や能力、業績や社会的地位などといった客観的根拠を自信の拠《よ》り所とするような「自己承認」がたいへんに不得手のようにみえます。もちろんそれらも自信の根拠とはなり得るのですが、そうした要素ですら、いったんは他者に承認（感心や賞賛など）されることを経て、ようやく自信につながるというややこしい回路がある。

現代における自己承認の難しさは、他者からの評価、すなわち他者の主観においてしか、自身の価値を担保できない点にあります。「他者の主観」は意図的には操作できませんし、希少性があるぶんだけ、絶対視されやすい傾向があります。またSNSの介在は、他者の主観を集合的・定量的に可視化することで、ただの主観に客観性の装いを与えます。**とんでもない暴論を吐く人でも、周りにそれを称賛する人しかいなければ、自分の暴論が客観的に正しいものであるかのような錯覚に囚《とら》われやすい。いわゆる「エコーチェンバー現象」ですね。**思えばトランプ現象にはそういった側面もありました。

逆に**「承認弱者」（承認を得られにくい、あるいは得られにくいと思っている人）においては、承認されない時期が長く続くと、その経験自体がトラウマ化してしまい、自己価値感情が著しく低下し、自分自身を過剰に脱価値化する（貶める）ようになります。**ここでは言わば「逆エコーチェンバー現象」のようなものが起きているのかもしれません。承認の声が小さかったり聞こえなかったりすると、誰も批判などしていないのに、自分自身の批判の声を外部からの声のように受けとってしまう。一種の投影ですが、こうした声が増幅されて、しまいには「自分がダメであること」が客観的に根拠づけられたかのように思い込んでしまう。

単に「承認依存」と言っても、そこに自己承認は含まれず、親しい人からの個人的な承認の声も相対的には小さくなっています。もっとも価値があるのは、ＳＮＳ的な承認の構造、いわば「集合的承認」です。「いいね！」の数が多いほど、承認は客観性や希少性という見かけ上の価値を帯びていくわけです。

集合的承認の仕組みは、ケインズの美人投票理論に似ています。経済学者のケインズは、投資家の行動パターンを美人投票になぞらえました。投資とは「１００枚の写真の中から最も美人だと思う人に投票してもらい、最も投票が多かった人に投票した人達に賞品を与える新聞投票」に見立てることができる（Wikipedia「美人投票」より引用）、としたのです。

美人の基準は客観的なデータではありません。正しいかどうかわからない他者の集合的な主観を、個人が主観的に予測するため、客観的予測が困難で、自己判断もコントロールもあてにできません。その希少性こそが、美人＝他者からの承認強者の価値を高めていくのです。承認をめぐるゲームもまた、こうした美人投票に似たところがあると思います。そのゲームでは、誰もが「どうすればウケるか」、すなわち、流動的な他者の集合的な主観のありようを予測しあいながら振る舞うことになる。典型的には「どんなツイートがバズるか」を考えているときの心理状態ですね。

集合的承認の落し穴

一般に若い世代ほど、自己承認を集合的承認に依存する傾向があります。集合的承認の構造は、個人の外にありながら深く内面化された価値も形作ります。この構図でいじめが起こると、いじめの被害者は加害者＝他者が悪いにもかかわらず、他者の基準をあっさりと内面化し、しばしばそれを自己責任と考えがちです。「自分に悪い所があったせいだ」と思い込むので、加害者責任については考えられなくなります。現代とは、本人の意思や性格とは無関係に、集合的承認の構造そのものが、個人にインストールされてしまう時代なのです。

こうした集合的承認にはいくつかの特徴があります。まず、きわめて流動的である（ように見える）こと。「双方向性」を欠いていること。コントロールが難しいこと。

これらの特徴ゆえに、集合的承認は「いま得られている承認を、いつ失うかわからない」という不安と紙一重です。後述するスクールカーストの頂点の生徒ですら、こうした不安と無縁ではありません。何かのはずみで生徒集団の承認の風向きが変われば、たちまちカースト下位に転落することもありうる。これが「承認の不安」です。多くの依存症の根底には、不安があります。「承認の不安」が、現代的な「承認依存」をもたらしたとしても不思議ではありません。

コミュ力が高い人も低い人も、それぞれが大きな不安を抱えているのが、現代の特徴です。経済力や身体能力のような定量的裏付けのない「コミュ力」による評価は、きわめて流動的です。些細《ささい》なきっかけで自分の価値が切り下げられてしまいますし、SNSで得られる承認は一時的なものなので、コミュ力強者ほど、他者による「承認」に過剰な不安を覚える場合もあり得ます。

このように「承認依存」は若者の幸福度を高めている反面、多くの不安と不幸をもたらしています。まだ単純な価値判断は控えておきますが、少なくともこの種の「不安と不幸」をこじらせないために何ができるか、本書の後半で考えていきたいと思います。

つながり依存

現代における承認依存とは、端的に言えば「他者とのつながり」への依存です。

つながり依存の背景には、通信環境の変化が大きく関わっています。とりわけ九五年以降の商用インターネットの爆発的な普及と、ほぼ同時期の携帯電話（二〇〇〇年代以降はスマートフォン）の普及は若者のコミュニケーション様式に革命的な影響をもたらしました。こうした通信インフラの発展に加えて、二〇〇〇年代以降はLINE、Facebook、Twitter、Instagram などのSNSが急速に普及しました。**SNSでは、相互承認の手続きを通じてネット上にゆるやかな内輪のコミュニティを形成し、「いいね！」ボタンに象徴される承認のサインを、相互に送り合うのが作法です。**

承認の量を手軽に可視化、数量化できる利便性ゆえにSNSは瞬く間に若者から中高年の間に普及し、スマホさえあれば、友人や恋人と二十四時間つながることが可能となりました。こうしたコミュニケーション環境が、「承認＝つながり」の一元化をもたらしたのです。承認依存とつながり依存とは、ほとんど同義語と考えてもいいと思います。

承認＝つながり依存とネットやSNSといったインフラの整備とは相補的な関係にあるため、その因果関係は単純ではありません。私の推測としては、インフラが整備されることによって、人々に内在していた承認欲求が見出《みいだ》され、その結果としてさらなる承認サービスが求められる、というポジティブ・フィードバックの過程が一貫して働いているように思います。

「承認＝つながり」の一元化は、若い世代の対人評価に甚大な影響をもたらしました。私は「コミュ力偏重」と呼んでいますが、これは対人評価の基準が、ほぼ「コミュ力＝コミュニケーションスキル」に集約される事態を指しています。**コミュニカティブであることは無条件に善とみなされ、コミュニケーションスキルの有無は、就活時などにはしばしば、死活問題ともなってしまいます。**

この点も定量的な根拠を示すことは難しいのですが、社会文化的な事象を検討することで、コミュニケーション偏重を可視化することは可能です。後述するように、若者の幸福度の調査などからも、そうした推測は十分に可能となるでしょう。

コミュ力が低いとカースト下位に転落する社会

二〇〇〇年代以降の顕著な傾向として、コミュニケーション関連の流行語が急増したことは誰もが知るところです。「コミュ力」（コミュニケーション能力）、「KY」（空気が読めない人）、「コミュ障」（コミュニケーションに障害がある人）、「非モテ」（異性にもてない人）、「ぼっち」（一人ぼっち）、「ぼっち飯」（一人でする食事）、「便所飯」（一人で食事をする姿を見られたくないためトイレの個室で弁当などを食べる行為）などは有名ですね。派生語としては「クリぼっち」（クリスマスを一人で過ごすこと）、「チー牛」（「チーズ牛丼を注文してそうな顔」の陰気なキャラ、の意）、対義語としては「リア充」（リアルが充実している、すなわち実社会における友人や恋人がいて楽しく暮らしている人、の意）、「陽キャ」（陽気で明るい性格、の意）、「パリピ」（「パーティーピープル」の略。みんなで集まって騒いで楽しむのが好きな人々、の意）などがあります。中には「ＫＹ」「リア充」などのように死語化したものもありますが、その多くが現在も使われているところに、問題の根の深さを感じずにはいられません。

企業などが採用の場面において「コミュニケーションスキル」を重視し始めたのも最近の傾向です。社会教育学者の本田《ほんだ》由紀《ゆき》氏は、この傾向をハイパー・メリトクラシーと呼んで批判しました。かつて日本におけるメリトクラシー（業績主義）は、学歴社会や偏差値至上主義として批判されましたが、**現代におけるハイパー・メリトクラシーとは、学校の成績以上にコミュニケーションスキル（曖昧《あいまい》に「人間力」などと呼ばれる場合もある）を重視する風潮を指しています。**

現代の日本社会においては、勉強ができる以上に対人関係を円滑に進める能力が重視され、個人のコミュニケーション能力は、不断に評価の対象となります。今や全国の中学高校に浸透している「スクールカースト（教室内身分制）」において、生徒の階層を決定づける最重要要因は、コミュニケーションスキル（「コミュ力」）であるとされます。私の臨床経験からも、コミュ力が低いとみなされてカースト下位に転落し、そこから不登校やひきこもりに至ったと考えられるケースが少なくありません。

「承認依存」と「コミュ力偏重」は、相互に補強し合う関係にあります。コミュ力が高ければ多くの承認を獲得できる一方、コミュ力が高い個人ほど、他者からの承認に依存する傾向が強いのです。

そして、この二つを媒介するのが「キャラ」です。

キャラ化とスクールカースト

「キャラ」とはもはや日常語なので、いまさら定義や解説などは野暮な気もしますが、私はかつて『キャラクター精神分析』（ちくま文庫、二〇一四年）という著作で、いわば究極のキャラの定義をしておいた経緯があり、それについて少し述べておきたいと思います。

キャラとは何か。それは、「それ自身と同一であり、それ自体を再帰的に指し示す記号」のことです。これは、生徒のキャラから芸能人のキャラ、あるいはアニメや漫画のキャラという多種多様なキャラのありようを串刺《くしざ》しにすることができる定義です。その意味で「究極」と考えています。詳細はぜひ拙著をお読みください。

これだけではわかりにくいでしょうから、もう少し嚙《か》み砕いて説明します。キャラとは、ある個人における一つの特徴を戯画的に誇張した記号のことであり、いったんキャラとして認識された個人は、以後はずっと「キャラとしての同一性」を獲得する／させられることになります。先述した通り、もともとは漫画業界やお笑い業界の言葉だったものが、九〇年代頃から若者の間で広く用いられるようになり、もはや流行語の域を超えて一般語として定着した言葉なのです。

いわゆるスクールカーストの成立には、「キャラ」が重要な役割を果たしています。コミュ力が高い陽キャ、モテキャラは、同水準のコミュ力を持つキャラ同士でグループを形成し、これがカースト上位層となります。一方、コミュ力が低い「陰キャ」「非モテキャラ」「いじられキャラ」は、問答無用にカースト下位に位置づけられます。つまり、クラスにおいて個人のキャラの設定と、カースト上の位置づけとは、ほとんど同時に決定されるのです。そこには決定の主体が存在しません。両者を決めるのはあくまでもクラスの

「空気」で、だからこそ、誰も決定に逆らえないのです。空気には反論も抗議もできませんからね。

こうしたカースト認定の決まり方について、森口朗《もりぐちあきら》氏は次のように述べています。

「子ども達は、中学や高校に入学した際やクラス分けがあった際に、各人のコミュニケーション能力、運動能力、容姿等を測りながら、最初の一～二ヶ月は自分のクラスでのポジションを探ります。

この時に高いポジション取りに成功した者は、一年間『いじめ』被害に遭うリスクから免れます。逆に低いポジションしか獲得できなかった者は、ハイリスクな一年を過ごすことを余儀なくされます」（『いじめの構造』新潮新書、二〇〇七年）

みてきた通り、**現代の学校空間では、対人評価のほとんどが「コミュ力」で決まります。**かつての学校社会においてはそれなりに意味のあった「勉強ができる」「絵が上手《うま》い」「文才がある」といった才能は、対人評価軸としてはほとんど意味をなさないようです。それどころか、場合によってはそうした才能をうっかり発揮して与えられたキャラを逸脱してしまったがゆえに、カースト下位に転落する、といった事態もありうると言います。私が思春期だった四十年前の学校と比べても、子どもたちはなんと過酷な生存競争を生きているのか、と同情を禁じえません。

キャラとしての承認

ここまで私が「承認依存」と呼んでいるものは、実は「キャラとしての承認」への依存を意味しています。ここでの承認は、「自分らしさの承認」とはやや異なります。**「自分の本当の姿を認め、肯定してほしい」という欲望よりも、「キャラとしての自分を受け容れてほしい」という欲望に近いように思われるのです。**

本来「キャラ」とは、自分で選んだり決めたりするものではなく、教室や職場の空気が決定づけるものです。だから当事者は、しばしば自分の「キャラ」に、自分本来の姿とは微妙にずれた違和感を覚えたり、空気によってあてがわれたキャラを演じ続けることに疲弊したりするのです。与えられたキャラを降りる（変更する）ことは、よほどの偶発事でもない限り、きわめて難しい。

一般にキャラ自認は、いわゆる性自認などとは異なり、自我親和性が低いと言われています。社会学者の瀬沼文彰《せぬまふみあき》氏によれば、他人のキャラは饒舌《じょうぜつ》に語る高校生たちに、本人のキャラについて尋ねてみると、意外にも「よくわからない」と答えると言います（『キャラ論』STUDIO CELLO、二〇〇七年)。キャラは、自発的に「演ずる」より、子どもたちのコミュニケーション空間の中で「自認させられ」「演じさせられる」もののようなのです。

ただしキャラには、ここまで述べてきた欠点を補って余りあるようなメリットがあります。何より、コミュニケーションが円滑になります。**相手のキャラがわかれば、コミュニケーションのモードも自動的に定まる。後はそのモードの枠内で会話を続ければいいのです。その意味でキャラは、ある空間において「その人の居場所」を与えてくれます。**

さらに言えば、「これが自分」という実感は伴わなくても、いったんキャラ自認が成立すれば、「自分とは何か」という問いからは、さしあたり解放されます。「キャラを演じているに過ぎない」という自覚は、キャラの背後にある(と想定される)「本当の自分」の存在を信じさせ、また保護さえしてくれるからです。

仮に誰かに傷つけられたとしても、所詮《しょせん》それは演じられたフェイクの仮面キャラなのであって、「本当の自分」とは関係ないと割り切ることもできます。同時にそれは、**人生において誰もが避けて通れない「ある役割を演ずる」という行為の予行演習にもなるのです。**

解離の時代にキャラ化が進む

もうひとつ、キャラという発明の便利なところとして、コミュニケーションの円滑化のみならず、互いのキャラの相互確認だけで、親密なコミュニケーションを取れているかのような気分になれる点です。相手の言動がそのキャラに似つかわしい（「さすがドSキャラ」）、あるいはらしくない（「あんたそういうキャラだっけ？」）、といった指摘をしあうだけのやりとりは、冗長性が高く、情報量は限りなくゼロに近いものです。ある意味、言葉を介したノンバーバルコミュニケーションといった趣もあり、私はこれを「毛づくろい的コミュニケーション」と呼びますが、これは親密さを強化する上で、きわめて有効です。

以上から「キャラ」とは、ある種のコミュニケーションモードが凝集された疑似人格、と考えることもできます。

実はこの点において、「解離」が問題となるのです。

かなり長い回り道でしたが、私が二〇〇〇年代を「解離の時代」と呼んだのは、まさに「キャラ化」が一気に進んだ時代でもあったからです。

簡単に言えば、キャラは多重人格（解離性同一性障害）の交代人格とよく似た特徴を持っています。解離性同一性障害の患者は、意図的かどうかは別として、甘えたいときには幼児の交代人格を、攻撃性を発揮したいときには乱暴者の交代人格を出すことがあります。まさにコミュニケーションのスタイルに特化した人格、と言えるでしょう。また、それぞれの交代人格はしばしば類型的で深みがなく、内省能力も不十分であることが多いのです。その意味で交代人格は、「本来の人格」に準ずるような仮想的な存在と考えることもできるでしょう。こうした特徴は、ことごとく「キャラ」にもあてはまります。

つまり私の仮説では、まず「解離の時代」という背景があり、ここにネット環境とSNSという「つながりのインフラ」も相まって、一気にキャラ化が進んだ、ということになります。**承認依存（＝つながり依存）**は、**「キャラとしての承認」をひたすら追求する欲望として、もはや世代を問わず共有されることになったのです。**これらの関係は、直線的な因果関係というよりは、結果が原因を強化するような円環的因果関係のもとにあります。解離の時代がネット環境への依存度を高め、ネット環境の発展が解離モードをいっそう強化する、といった循環ですね。それゆえすっきりした経年変化として述べることはもはや困難ですが、ここではごく大雑把な流れを記すにとどめておきます。

みてきたとおり、承認依存の傾向が強まったのは、一九九〇年代後半でした。仲間や結婚など人間関係の全てが承認目的であると言って差し支えありませんが、こうした承認依存の傾向は、不登校や「ひきこもり」増加の背景となっています。

同時期に不安を感じると答える若者も増えていました。内閣府の国民生活に関する世論調査によると、二十代は二〇〇〇年で六十六パーセントが、二〇一〇年でも六十五パーセントを超える若い人が、生活の悩みや不安を感じていると答えています。

社会学者の古市憲寿《ふるいちのりとし》氏は、著書『絶望の国の幸福な若者たち』（講談社、二〇一一年）で、興味深いデータをいくつか紹介しています。複数の世論調査によれば、現代の若者たちの多くは、今の生活に満足しているというのです。たとえば内閣府の「国民生活に関する世論調査」によれば、「二〇一〇年の時点で二十代男子の六十五・九パーセント、二十代女子の七十五・二パーセントが現在の生活に『満足』していると答えている」。この満足度は過去のどの時代の若者よりも高いのです。

二〇一〇年ではデータが古いと言われそうですが、実はこの傾向はずっと続いていて、コロナ禍前の二〇一八年時点の内閣府調査では、二十代の若者の生活満足度はさらに高まっていました。つまり現代の若者は、八〇年代のバブル期の若者たちよりもずっと「幸福」、ということになるのです。

私の記憶では、二〇〇〇年代後半には、ひきこもり、ニート、ワーキングプア、フリーターといった、いわば弱者の代名詞のようになった若者論がさかんに唱えられました。グローバリゼーションが、格差社会が、新自由主義が、雇用の不安定が、多くの若者をかつてないほど不幸にしている、と言わんばかりの論調が目立ちました。

そうした議論がまったく無意味ではなかった証拠に、生活に不安を感じている若者の数も同じくらい多く、社会に対する満足度や将来に対する希望を持つ若者の割合は低いというデータもあります。古市氏は社会学者・大澤真幸氏の論に依拠しつつ、かなりアクロバティックな説明を試みています。

大澤氏によれば、人が不幸や不満足を訴えるのは、「今は不幸だけど、将来はより幸せになれるだろう」と考えることができる時、とのことです。逆に言えば、**もはや自分がこれ以上は幸せになると思えない時、人は「今の生活が幸福だ」と答えます。**若者はもはや将来に希望が描けないからこそ、「今の生活が満足だ」と回答するのではないか、と。逆説的なぶんだけ説得力もありそうですが、やはり疑問もあります。さすがに「希望がないから幸福」は言いすぎではないか、と。希望と幸福はイコールではないかもしれませんが、少なくとも私の場合は、将来への希望は現在の幸福感の必須条件ですし、そうした感じ方が少数派とはとても思えません。

「コミュニケーションと承認」が幸福の条件

再び古市氏の著書に戻るなら、彼は二〇一〇年に内閣府が行った「国民生活選好度調査」の結果を引用しています。ここで「幸福度を判断する際、重視した事項」について、十五〜二十九歳の若者の六十・四パーセントが「友人関係」と答えていました。これは他の世代に比べても突出して高い数値です。残念ながら、これ以降の調査には年齢別データが見当たりませんでしたが、この傾向も現在に至るまで、さほど変わっていないのではないでしょうか。

これは別の言い方をすれば「**コミュニケーション**」と「**(仲間からの)承認**」**こそが、若者における幸福の条件、ということになります。**ひきこもりの臨床経験から言いうることは、多くの若者(に限らないが)は、たとえ経済的には少々不遇であっても、コミュニケーションと仲間からの承認さえあれば、そこそこ幸福になれてしまう、という事実です。むしろ現代にあっては、幸福の条件としての「コミュニケーションと承認」の地位が高くなりすぎた、とも言えます。先に指摘した「コミュニケーション偏重主義」は、その原因でもありまた帰結でもあるでしょう。

「コミュニケーションと承認」は、ある種の若者たちにとっては、いつでも無料で容易《たやす》く手に入れられるリソースであると同時に、いわゆる「コミュ障」の若者にとっては、どれほどコストをかけても手に入らない対象でもあります。私にはこのギャップこそが、若者における「幸福」と「不幸」を分かつ主要なラインに思われてならないのです。

冒頭で述べたとおり、現代の若者は「承認」のために働きます。それは仕事仲間からの承認、ということだけではありません。たとえば二十代半ばを過ぎても就労していないという状況はかなり「ヤバい」。人としての義務を果たしていないからヤバいのではありません。食えなくなるからヤバいわけでもありません。**就労していないことで仲間から承認が得られず、むろん異性からも受け入れられなくなってしまうことがヤバいのです。**

逆に、たとえニートであっても、仲間さえいれば、そこそこ幸せに生きていけます。一部の自覚的なニート青年たちは、ネットを巧みに活用しつつ、就労せずにつながりながら生きていく道を選ぼうとしています。確かにインターネットは、手間と労力さえ惜しまなければ、誰でもそこから金銭を生み出すこと――それで食べていけるとは限りませんが――が可能な場所ではあります。懸賞、募金、オークション、調査会社のモニター、アフィリエイト、YouTuber など、多様な手法が知られています。にもかかわらず、**多くの若者が雇用型の就労を望むのは、「仲間と同じ」であることが価値を持つためでなければ何でしょうか。**

みてきた通り、現代の若者は、少なくない不安や悩みを抱える一方で、生活満足度も高いという状況にあります。高い生活満足度を支えているのは、間違いなく仲間との「つながり」です。人間関係やSNSを介したつながりさえあれば、多少のことは我慢できる。つながりがもたらす幸福は、自己充足的で現在に限定され、先の保証がないのですが、にもかかわらず、現在の満足度は非常に高いのが日本の若者の特徴です。

「キャラ化」で救われる七割、割りを食う三割

森口朗氏は、先述の著書で、スクールカースト上位は十パーセント、中位は六十パーセント、下位は三十パーセントとみなしています。これは多くの人の実感に即した割合ではないかと思います。上位と中位を合わせた約七十パーセントの若者は、比較的生活満足度が高い。下位層は承認弱者ですから、非常に幸福度が低い。ここに格差があるわけです。

推測するに現代の学校空間は、おそらく七割の生徒にとっては快適かつ幸福な空間で、

三割の生徒にとっては、他者からの承認不全に苦しむ構造になっているのでしょう。この三割の中に、将来のひきこもり当事者たちが多く含まれているのではないかと懸念されます。彼らは学校というコミュニティのなかでキャラとしての承認を周囲から得られず、スクールカーストの下位層に入れられてしまう。このカーストは誰でもない、空気が決めているので、誰も逆らえません。そして、いちど下位層に入ってしまうと、なかなか抜け出すことができません。私はこうした構造が、もはや学校時代に限定されないと考えています。

学校でも職場でも、こうした階層が温存されているように思われてなりません。

おそらく内閣府のアンケートに回答を寄せている若者の多くが、上位層と中位層を合わせた約七十パーセントの若者なのではないでしょうか。この数字は、生活満足度の高い若者の割合にかなり近い。また一方で不安を訴える若者についていえば、こちらには下位三十パーセントに含まれる若者が多いのではないでしょうか。要するに「同じ若者が矛盾した回答をしている」というよりは、それぞれの回答群が少しズレていると考えれば、辻褄《つじつま》は合いやすくなります。

自分のキャラがわからない

ここまでの考察をまとめて考えるなら、自傷的自己愛についても新たな視点を持つことができます。それは「キャラとしての承認」の裏返し、「キャラとしての嫌悪」なのではないでしょうか。

つまりこういうことです。**自己愛そのものは「本来の自己」に向けられているにもかかわらず、自分に与えられた「キャラ」は受け容れがたい**。そうしたギャップからもたらされるのが自傷的自己愛なのではないか。これが私の仮説です。

ここで重要なことは「本来の自己」とか「キャラ」が、その当事者によって正確に認識されているとは限らない、ということです。私もそうですが、ほとんどの人は「本当の自分」について断片的にしか語れないと思いますし、それが普通です。それでは「キャラ」はどうか。先に引用した瀬沼氏の著書にあるように、自分のキャラについて問われた生徒たちは案外ちゃんと答えられない。つまり自分自身のキャラもまた、正しく語ることが難しいイメージ、ということになるでしょう。厳密に表現しようとするとややこしい話になりますが、たとえキャラが確立している人ですらも、「キャラとしての振る舞い」は半自動運転のようなもので、精密なプランやコントロールに基づく演技などではないと考えられます。その意味でキャラとして振る舞っているとき、人は自分の主体性を、場や空間のコンテクストや人間関係のありように委ねている、とみることも可能です。その意味でキャラとは、能動的に「演じる」とも、受動的に「演じさせられている」とも言い難い、「中動態」的なありようを意味するのかもしれません。その場の空気がキャラを生成する、とでも言うような状態ですね。キャラを演じているときの自意識のありようも、それはそれで興味深いテーマですが、今は措《お》きましょう。

それはともかく、「正しい認識」ができていないのに、なぜ「キャラとしての嫌悪」などと言えるのでしょうか。自身を嫌悪する自傷的自己愛の訴えは、しばしば「こんなはずじゃなかった」という形式をとりがちです。「こんな自分は嫌い」という言い方もありますが、ここにも背景に「あるべき自分」の想定が垣間見《かいまみ》えます。

つまり**自傷的自己愛の表明は、「あるべき自分」（もしくは理想的な他者）のイメージから見た「ダメな自分」への批判、という形を取りやすいのです。**以前にも述べた通り、「あるべき自分」への固執がプライドです。もちろん「あるべき自分」のイメージにしても、それほど鮮明で具体的なものがあるとは限りません。単に漠然とした「うまくいっている同世代の他者」との対比でしかないこともありえます。

このとき自己愛は「自己への固執」「正確な自己認識」「あるべき自分というプライド」において担保されます。他者との比較という視点を含んだプライドによって、現状の自己は徹底してネガティブに「キャラ化」され、当のキャラの主から、容赦のない批判と嫌悪が向けられることになります。ここには自身のキャラが集合的に承認されなかったというトラウマも影響してきます。

ネガティブなキャラはステレオタイプにまとめられがち

かつてカースト下位だった、という経験のもたらすリスクは、まさにここにあります。主として思春期に負のキャラ付けがなされると、その経験はトラウマ化して、長期間にわたる影響を残します。たとえその後に社会的な成功をおさめ、学生時代とは桁《けた》違いの承認を集められる立場になったとしても、このトラウマは簡単には払拭《ふっしょく》できません。

実は私自身、大学時代に自身が「陰キャ」だった当時の――まだそういう言葉はありませんでしたが――イメージを、いまだに引きずっているところがあります。別にキャラいじりをされたわけでもいじめられたわけでもないのですが、**「そう思われているだろうな」という思い込みだけで、その経験はトラウマ化するようです**。笑われるかもしれませんが、当時のカースト上位だった「陽キャ」の同級生に同窓会などで会うと、立場のいかんにかかわらず、いまだにちょっと身構えてしまうのです。もう還暦を過ぎたのに、です。そういう経験はたぶん、私に限ったことではないでしょう。

ここからは印象論になりますが、ポジティブなキャラにはけっこう幅と多様性がありま す。しかしネガティブなキャラについては、かなりシンプルなキャラ付けに向かいやすい印象があります。「非モテ」「ひきこもり」「キモオタ」「子供部屋おじさん」などといったイメージですが、これらはほとんどシンプルでステレオタイプなキャラ付けを担っているように思います。自身のキャラのありようへの認識を「性自認」にならって「キャラ自認」と呼ぶとすれば、**自傷的自己愛者のキャラ自認は、自分自身にそうした雑なステレオタイプを押しつけた上で、それを徹底して批判するというスタイルに見えます。**

だから彼らは「自分のこういうところが嫌い」という言い方はあまりしません。ただ「自分が嫌い」と言います。「どんなところが？」と尋ねても「なにもかも」「全部」という答えが返ってくるだけです。この答えこそが、彼らが自分自身のキャラクターについて正しく認識するつもりがないことを示して余りあるでしょう。彼らのキャラ自認は「すべて良い」か「すべて悪い」の白黒思考に陥っているように見えるのです。

ただしそれは、あくまでもキャラとしての自己への否定であって、自己そのものの否定にはなりえません。批判の原動力となっているプライドもまた、自己愛のひとつの形式にほかならないからです。

かくして、自己愛ゆえに自己否定するという悪循環が成立してしまうのです。

「新型うつ」の誕生

さて、ここから先は、「承認（つながり）依存」を背景としたと考えられる、いくつかの事象についてみていきましょう。私が想定しているのは「新型うつ」「発達障害」「陰謀論」の三つです。もちろんこれだけではないのですが、比較的新しく、よく知られた事象の例として検討してみたいと思います。

精神医療において、疾病構造は時代とともに変化します。先述したように、七〇～八〇年代は、精神医学の中心は統合失調症でした。しかしその後、気分障害や発達障害が急速に増加した結果、関心の中心も大きく変化しました。発達障害については後述しますが、ここではうつ病について述べます。

厚生労働省の「患者調査」によれば、一九九六年には四十三・三万人であったうつ病の総患者数は一九九九年には四十四・一万人、二〇〇二年には七十一・一万人、二〇〇五年には九二・四万人、二〇〇八年には百四・一万人と、わずか十年間で二倍以上もの増加を示しています。これほど急激に増加した疾患はほかにあまり例がありません。

さらに注目すべきは、近年増加したとされるうつ病の多くが従来のタイプとは異質であり、このため「新型うつ」などと呼ばれるようになったことです。その特徴については後に触れるとして、なぜうつ病が急増したかについて、検討してみます。

まず考慮すべきは、メディアの影響でしょう。哲学者のイアン・ハッキングは、ある疾患の報道が再帰的に当該疾患の患者を増加させるという「ルーピング効果」について指摘しています。製薬会社の情報操作、ディジーズ・モンガリング（疾病喧伝《けんでん》 disease-mongering）も同様のメカニズムです。一九九九年に開始された「うつは心のカゼ」といったキャンペーンも、もともとは精神科受診の敷居を下げるためのものだったはずですが、結果的に患者の増加を促進したとみなされています。さらにその背景には、一九九〇年代に日本でも急速に広がった「社会の心理学化」（心理学ないし精神医学が人間知の中心となること）の風潮も存在するのですが、これについては先述した通りです。もう少し単純な理由としては、抗うつ薬の改善率と寛解率の違い、というものも想定されます。副作用の少ない薬として導入されたＳＳＲＩをはじめとする新しい抗うつ薬は、効果は期待ほど高くなく、改善率は約八十パーセントですが寛解率は約四十パーセントとギャップがあります。つまり「多少は良くなるが治りきらない」という患者が蓄積していくわけで、ＳＳＲＩを導入した先進国の多くでうつ病が増加したのはたぶんそのためでしょう。

うつ病が増加した要因についてはこのくらいにしておきますが、その多くが「新型うつ」などと呼ばれたのには別の事情があります。新型、つまり従来のうつ病とは異質の特徴を持ったうつ病が増えた、とされたのです。「新型うつ」はマスコミ用語ですので、以下は「現代型うつ」で統一します。

現代型うつの特徴は、第一に軽症で治りにくいこと、第二に本来の「生き方」（性格）と症状の区別が曖昧であること、となります。性格傾向で言えば、自己中心的で他責的な傾向が知られており、「仕事を病欠中なのに海外に遊びに行ったりして顰蹙《ひんしゅく》を買う」といったエピソードがしばしば紹介されます。軽症なのに治りにくい理由としては、病気よりも生き方の影響が大きいことがあげられます。「病気を治す」よりも「生き方を変える」ほうが難しい、というほどの意味ですね。

現代型うつの病因は、しばしば過労や職場のストレスとされています。従来の典型的なうつ病は、内因性疾患と呼ばれており、はっきりした誘因なしに発症することも多いとされていましたが、この点も異なりますね。こうしたことから、「現代型うつ」になるような若者はあまりにも「打たれ弱い」といった批判をしばしばなされてきました。先にも述べた通り、こうした安直な批判には同意できません。ただ、現代型うつの原因となりやすい要因として「承認の傷つき」が想定されること、また若い世代ほど「承認の傷つき」に脆弱《ぜいじゃく》である、とは言えるように思います。

私の個人的印象ですが、**若い軽症うつ患者は、精神療法の得意な若手医師が担当すると比較的よく治ります**。これが一般的傾向であるとすれば、そこには専門知識や治療技術以外の要因が働いていると考えられます。すなわち、若手医師の共感性の高さと、治療関係（信頼関係）の成立しやすさです。

いかなる治療も、信頼関係が不十分のままでは奏功しません。また若い世代の患者ほど、共感性は信頼関係の入り口として重要となります。若い世代の患者は、自分の話を親身に、共感的に傾聴してくれる相手は信頼しますし、露骨に詐病扱いしたり説教がましいことを言ったりする医師は信頼しません。つまり、広い意味で自分を「承認」してくれる医師でなければ、治療関係が成立しにくいのです。この事実から、**私は「現代型うつ」の増加に**

ついても、「承認依存」の傾向が深く関与している可能性を疑っています。

私のみるところ、若い世代と年長世代を比較したさい、仕事の量や困難性といったストレスに対する耐性は、それほど変わってはいません。むしろパソコンスキルを始めとして、若い世代の方が容易にこなせる仕事も多いと思います。ただ、これだけはあきらかに変化したのではないかと思われるのは、対人ストレスへの耐性です。とりわけ上司に言われたひとことで傷ついてうつ状態に、といったケースはあきらかに増加しています。「パワハラ」「モラハラ」といった言葉の一般化も、そうしたストレスの重要性が増していることの証左と言って良いでしょう。

二〇一六年の厚生労働省による「労働安全衛生調査（実態調査）」によれば、現在の仕事や職業生活に関することで強い不安、悩み、ストレスとなっていると感じる事柄がある労働者の割合は五十九・五パーセントであり、ストレスの内容に関しては、「仕事の質・量」が五十三・八パーセントと最も多く、次いで「仕事の失敗、責任の発生等」（三十八・五パーセント）、「対人関係（セクハラ・パワハラを含む）」（三十・五パーセント）でした。対人ストレスの問題は増加傾向にあり、こじれればうつの原因にもなります。

繰り返しますが、若い世代の就労動機は「承認のため」と考えられます。だからこそ、パワハラに限らず、ちょっとした注意や批判までもが、それをする人の意図とは別に、「承認の撤回」や「負の承認」といった意味を帯びてしまい、本人を追い詰めてしまうのです。ここで重要なことは、批判の内容はほとんど問題にならず、批判された事実＝承認の撤回という短絡と単純化が生じやすくなっているという点です。

ここまでの流れをまとめるとこうなります。**職場においては承認依存の傾向が、「承認の撤回」への過敏性につながり、それによる傷付きのストレスによってうつ状態を発症しやすくなります。**現代型うつのすべての患者が自傷的自己愛を訴えるわけではありませんが、もちろん一部にそうした訴えは見られます。彼らの訴えは、最初は他責的で自己中心的に見える場合もありますが、関係性が深まってくると、実際にはネガティブな自己イメージ（＝キャラ）に苦しんでいることが多い。これも興味深い現象なのですが、**自傷的自己愛者はしばしば、あえて「他責的で自己中心的なキャラ」を演ずることがあります。**意図的かどうかはわかりませんが、そうすることで自己愛を守ろうとしていることは間違いないでしょう。

以上のような理由から、私は社会の「承認依存」傾向が、「現代型うつ」増加の背景にあると推測しています。

「発達障害」のキャラ化

キャラが重視されることと相関するかのように、現代の日本は一種の「発達障害ブーム」と言って良い様相を呈しています。私の知人の小児科の教授は、この状況を的確に「発達障害バブル」と表現しています。

最近では多くの著名人がアスペルガー障害やＡＤＨＤをカミングアウトするようになりました。そのすべてが厳密な診断に基づいているとは限りませんが、一見社会適応できている人や成功しているような人たちも、実は「発達障害」を抱えていた、というナラティブは、ある種の定番として定着した感があります。同様に「ギフテッド」もしくは「サバン」のように、通常の生活能力に著しく欠けた人にも別の特異な才能がある、というナラティブも定番化しました。

才能に恵まれたイメージが広がったことで、発達障害への承認は得られやすくなり、当事者もカミングアウトしやすくなるとともに、病気語りが「承認」を集める有効なコンテンツとして機能するようになっていったのです。

発達障害の近年の急増ぶりは、とりわけ日本で突出しています。かつて「広汎性発達障害」と呼ばれた障害の有病率は、日本では約二パーセントとされていますが、これは欧米の調査結果のほぼ二倍以上です。文科省が二〇一二年に発表した調査報告では、公立の小中学校に通う普通学級の児童生徒で発達障害の可能性のある子どもが実に六・五パーセントに上るとされています。

発達障害は先天的な脳の機能障害ですから、日本で突出して多いというのは奇妙なことです。個人的な経験から述べれば、専門医、非専門医を問わず、「発達障害」の診断で紹介されてきた患者の誤診率はきわめて高いという印象です。専門医でもない私が「誤診」と断定できるのは、彼らが「治って」しまうからです。繰り返しますが**発達障害は「先天性の脳の機能障害」で、「治療」や「治癒」という表現は適切ではないとされます。**奇妙な話ですが、治ってしまったものは誤診、と言わざるをえないのです。

ASD（自閉症スペクトラム障害）の診断で重視されるのは、以下の三つの障害です。

一、社会性の障害
二、コミュニケーションの障害
三、想像力の障害

三はややわかりにくいのですが、これは「ごっこ遊び」や「見立て遊び」が不得手で、独特のこだわりやそれに基づく奇妙な行動がみられる、といった症状を指しています。私は、こうした発達障害バブルともいうべき日本固有の現象の背景に、先述した「コミュ力偏重主義」があると考えています。

スクールカースト下位に位置づけられることの多いコミュ力の低い者、協調性に欠ける人たちは、しばしば若い世代の間では「コミュ障」や「アスペ」などと呼ばれ、揶揄《やゆ》されます。口にする方からすれば軽い表現かもしれませんが、コミュ力の低い個人に対するうっすらとした差別的な発想が透けて見えます。

状況を複雑にしているのは、そうした個人が、単に排除されるばかりではないことです。最近の小説や漫画では、あきらかにＡＳＤ的なキャラ設定の主人公が著しく増えました。人気作品「デスノート」に登場する「Ｌ」という探偵が典型ですが、知能は異常に高いけれども社会性に乏しく、さまざまな「こだわり」を持つクセの強いキャラが、多くのエンタテインメント作品の主要人物として登場するようになりました。

そうした設定のテンプレートとして、アスペルガー人気はきわめて高いのです。著名人の中にもアスペルガーをカミングアウトする人が多く、アスペ的なキャラによって受けているとしか思えない人が少なからず存在します。

つまりASDは、日常世界においては協調性に欠けた困った存在として排除される傾向にあるけれども、フィクションや非日常においてはキャラとして人気がある、というねじれた受けとめられ方をしているのです。

こうした「発達障害バブル」の背景にも「承認依存」や「キャラ文化」があると考えています。どういうことでしょうか。「承認依存」文化のもとでは、コミュニケーションスキルやつながりのありようについての自明性の水位が上昇します。つまり、かつてよりも要求される水準が上がっているのです。もしかつての私が現代の若者集団の中にいたら、「コミュ障」ないし「アスペ」のレッテルを貼られていた可能性が高い。これは謙遜《けんそん》などではなく、私自身は私にそんなレッテルを貼る社会の方がおかしいと確信していますが、それはそれとして、かなり生きづらい経験をしたであろうとは想像してしまいます。

要求される水準が上昇した結果、人々の「異常」に対する感受性も上がり、ちょっとした外れ値を見つけては「異常者」のレッテルを貼りやすくなっていると考えられます。つまり、昔であれば「空気が読めず、ときどき変な挙動をする、孤立しがちな変わり者」で済んだものが、今は「あの人はアスペだから」ということになってしまう。こうした風潮は明らかに間違っていますし、この風潮の背景に「承認（つながり）依存」が確実に存在することを、私は確信しています。

反面、発達障害のステレオタイプは、「キャラ」としては立っています。うまく居場所を見つけられ、本人が自意識をこじらせなければ、ＡＳＤキャラ、アスペキャラは愛される存在になり得ます。だからこそ、漫画やアニメなどのフィクションにおいては、こうしたキャラが広く受け容れられているのです。ただ、そうした愛なるものが、珍獣扱いのような差別、偏見を強化するタイプの愛である可能性については指摘しておく必要がありそうです。

自傷的自己愛者もまた、このレッテルを自分自身に応用することがあります。つまり「自分がダメなのは発達障害のせいで、この病気は先天性の脳機能障害だから一生治ることはない。だから状況を変えるための努力はすべて無駄である」という理屈ですね。この理屈はもちろん間違いですし、この診断を持つ人すべてに対する偏見を強化してしまうという意味でも問題があるのですが。

承認欲求から陰謀論へ

トランプ大統領の時代以降、世間には「フェイクニュース」「ポストトゥルース」といった言葉があふれました。それはトランプ政権に限った話ではありません。コロナ禍にしてもロシアによるウクライナ侵攻にしても、常識や科学に反した主張を確信し、堂々と展開してみせる人は少なくありません。彼らは批判を受けるどころか、同様の主張をする仲間と連帯し、一定数の支持者すら集めています。これはどういうことなのでしょうか。

陰謀論にはまり込んで、そこから抜け出した経験がある人が語ってくれれば一番いいのですが、そういう人は決して多くありません。なにしろ陰謀論にはまったことがあるということ自体が恥ずかしいので、それについて語りたがらないのはむしろ当然のことでしょう。

そんな中で、Twitter 上で貴重な証言を見つけました。これは俳優で依存症当事者としても活動している高知東生《たかちのぼる》氏によるものでした。以下にいくつか引用してみます。

2021-01-29 21:04:25

高知東生 @noborutakachi

言うのがとても恥ずかしんだけど、俺陰謀論を信じかけてたんだよ。仲間と話していて「高知さんの情報はすごく偏ってます」って言われて驚いた。Youtube って自分の見ている関連動画が次々出てくるようになっているだってな。そんなこと全然知らなかったから教えて貰《もら》わなかったら本当にやばかった。

2021-01-31 23:33:57
高知東生 @noborutakachi
俺は「人の裏を読め」を金言としていた。この度危うく youtube の見過ぎで陰謀論を信じかけた事を内省したが、よく考えたら表の仕組みを何も知らないんだよ。そもそもの知識がないし、知る努力を面倒くさがってた。でもちゃんと調べなくても裏を読んだつもりになるって楽に賢そうな気分になれたんだよ

これはなかなか勇気ある証言です。高知氏は自分を「知識がない」「賢くない」と卑下していますが、こうした筋道だった分析は、まぎれもないすぐれた知性の産物でしょう。
これにつづく高知氏の論旨を私なりにまとめるとこうなります。

ある種の人々は、単純で断定的な結論を言い切ってくれる人の話にひきつけられます。彼らの話はわかりやすい。専門家はいろいろな角度から複雑な議論を展開するため、わかりにくくて結論も曖昧だったりするので敬遠されることになります。

自分の知性に自信がない人々は、YouTube やSNSに流れてくる、シンプルな「裏情報（本当は裏でも何でもないが、裏っぽく見える情報）」にひきつけられがちです。なぜか。裏情報は、「表の知識（一般常識、根拠のある情報）」のメタレベルだからです。つまり「表ではこんな風に言われているけれど、実は……」というロジックですね。**苦労して表の知識を学ぶよりも、すぐに理解できるマイナーな知によってマウントが取れる快感がそこにあります。**

これは他人事《ひとごと》ではありません。私も学生の頃に、ユングの「シンクロニシティ」とか「曼荼羅《まんだら》」とか、オカルティックな側面にハマりかけた経験があるからです。**知的なコンプレックスを抱えていると、ウラの知識で一発逆転を狙いたくなる気持ちはまったく共感できます。**「これで全部わかった！」という快感もまた、知性の働きではありますが、非常に危険な誘惑なのです。

「自分は裏の仕組みを全部知っている」という快感は個人的なものですが、これがコミュ

ニティとして共有されると、そこに「仲間として承認される」という快感が加わります。つまり「世界の裏の真実を共有している集団に帰属している」「その仲間とつながり承認されている」という快感ですね。これは単なる自己満足を超えた快楽をもたらしますので、抜け出すのがいっそう困難になります。高知氏は幸い、そうした集団には帰属していない段階で間違いに気付いたということなので、そこは幸運でした。ここにキャラの要素が加わるかどうかは未検証ですが、陰謀論のまん延においても「承認依存」が一役買っていることは間違いないと思います。

第三章　過去からの呪いを解く

「ひきこもり」は誰にでも起きうる

これまでは、自傷的自己愛が成立する社会的・文化的背景について述べてきました。ちょっと不思議に思った方もいるかもしれませんね。精神科医の書く本ならば、原因を社会や文化に求める前に、まず個人の要因について述べるのが普通ではないのか、と。

確かにそうなのですが、ひとつ言い訳をしておきます。私は「ひきこもり」の専門家です。ひきこもりの成立においても、個人的要因はけっして小さくありません。しかし私は、ひきこもりについての最初の著作においてすら、当事者個人の要因についてはほとんど語りませんでした。これはある意味当然で、ひきこもりは不登校と同様に、どんな家庭のどんな子にも起こりうる状態、と考えているからです。つまり「ひきこもり」は、**この社会や文化といった背景要因ゆえに、誰にでも起こりうる状態なのです**。それなのに親の育て方とか個人のトラウマなどと結びつけて論じたら、矛盾も甚だしい、ということになります。

それと同じ意味で「自傷的自己愛」も、誰もが持ちうる「問題」です。すでに述べた通り、親との関係の中でそうなる人もいれば、スクールカーストで傷ついたり、不登校やひきこもりの経験からそうなったりする人もいます。その意味では、自己愛のモードとしてかなり非特異的で、病理的ですらないかもしれないことは先にも述べた通りです。もちろん自傷的自己愛は「生きづらさ」の要因とはなりますが、そのために社会的機能が低下するとは限らない。後でも述べますが、自傷的自己愛を完全に解決するというよりは、ほどほどに共存するという生き方もあっていい。自分の意思でひきこもりを選択する人がいても良いように、自傷的自己愛とともに生きる、という人生もそれはそれであり、と思っています。

また別の感想として、「自傷的自己愛」とか大層な命名してるけど、ちょっと前に流行《はや》った「アダルトチルドレン（AC）」と同じじゃないの？　という疑問もあり得ます。確かに似ていないことはないですね。ACも自尊感情が低いですし。

ACというのは「子どもっぽい大人」の意味ではもちろんありません。アルコール依存症者の家庭で育ち、成人した人、すなわち“adult children of alcoholics”の略語です。もともとはアメリカの依存症臨床の現場から生まれ、日本に紹介されて大ブームになりました。

ただし日本では、本来の「アルコール依存症者の家族」が抜け落ちて、虐待やDVなどがあるような機能不全家族のもとで育ち、生きづらさを抱えた人という広義の言葉として普及しました。九〇年代後半にブームが起こり、二〇〇〇年代に入って下火になり、現在はほぼ死語に近い扱いになっていると思います。

ACについての詳しい紹介はしませんが、この言葉は医学用語でも診断名でもありません。「自傷的自己愛」と同様に、個人の自覚を促すための言葉です。漠然とした生きづらさの理由が、実は機能不全家族のせいだった！という気付きが、多くの人を救ったことは間違いないと思います。ただ、ブームの中で、「自覚」に至った子どもによってひどく責められ戸惑った親が少なくなかったとも聞きます。ブームが数年で終わったことには、そんな事情も関わっていたかもしれません。

私が言葉としての「近さ」を意識しつつも、あえてACと関連付けなかったのは、ひとつにはACという用語に「機能不全家族に起因する」という原因論がしっかりと組み込まれているためです。繰り返しますが、自傷的自己愛の原因はきわめて多様です。そのことを捉《とら》える意味でも、原因論からは距離を取った方がいいと考えました。

次に、状態像の不一致があります。竹村道夫《たけむらみちお》氏は、ACの特徴として以下のような項目を挙げています。

自分の判断に自信がもてない。
常に他人の賛同と称賛を必要とする。
自分は他人と違っていると思い込みやすい。
傷つきやすく、ひきこもりがち。
孤独感。自己疎外感。
感情の波が激しい。
物事を最後までやり遂げることが困難。
習慣的に嘘をついてしまう。
罪悪感を持ちやすく、自罰的、自虐的。
過剰に自責的な一方で無責任。
自己感情の認識、表現、統制が下手。
自分にはどうにもできないことに過剰反応する。
世話やきに熱中しやすい。
必要以上に自己犠牲的。
物事にのめり込みやすく、方向転換が困難。衝動的、行動的。そのためのトラブルが多い。

他人に依存的。または逆に極めて支配的。

リラックスして楽しむことができない。

（竹村道夫「アダルトチルドレン」赤城高原ホスピタル、一九九九年執筆、二〇〇三年改訂）

ご覧のように、かなり近い印象を与えますが、「嘘をつく」「過度の自責」など、あまり該当しない項目もあります。私が「自傷的自己愛」の概念を発案したのは、診断のためでも病因を特定するためでもなく、まさに本人の「自覚」を期待してのことです。「あなたの『自分が嫌い』は、本当は『好き』の裏返しかもよ」と指摘されて、一段階内省が深まればいいな、と思ってのことです。

また、「原因」というものは、「わかっただけで解決する」「わかることで解決に近づく」「わかっても解決しようがない（親が亡くなっている、など）」など、いろいろなタイプがあって、そこから先は個別に対処するしかありません。ACという言葉にはもれなく「親のせい」がついてくるので、それは避けたい、という事情もありました。

私がこれまで聞いた中で一番納得したACの記述は「自分の責任の範囲がわからない人」というものです。ありとあらゆる「悪いこと」に責任を感じすぎてしまって、むしろ責任ある行動ができなくなるような人。これも「自傷的自己愛」者とは距離があります。「全部自分が悪い」という思いは確かに「自分が嫌い」につながるかもしれませんが、「自分が嫌い」という思いから「全部自分のせい」になるとは限りません。

男性と女性の「自傷的自己愛」の違い

ACの話はここまでにしておきますが、この話をあえて持ち出したのは、「自傷的自己愛」における家族の要因を語るためです。

これまで、養育環境以外の要因として、スクールカーストやひきこもりの話をしてきました。トラウマ的な経験から生じたネガティブなキャラを内面化してしまい、そのキャラに嫌悪を向けるということ。もともと健康な自己愛を持った人でも、そうした経験から自傷的自己愛に至ってしまう可能性があることを述べてきました。

しかしもちろん、それだけが原因ではありません。当然ながら「親の育て方」も、きわめて大きな要因となり得ます。この章ではこの点について、少し詳しく述べておきたいと思います。

あくまでも私が経験した範囲でのことですが、**男性に比べて女性の「自傷的自己愛」は、親に起因することが多い印象があります。**もちろん男性でも、親からの虐待的な対応などが原因で自傷的自己愛者になる人はいます。ただ、そういう方は一般に、単純な自傷的自己愛者というよりは、AC的な葛藤《かっとう》を抱え込むことが多いと思います。いうまでもなく虐待被害はきわめて深刻な影響をもたらします。ACはまだ「軽症」な部類であって、「複雑性PTSD」のような、きわめて深刻な精神障害にいたる場合も珍しくありません。いずれの場合も「自傷的自己愛」的な葛藤を伴いますが、それはもはやメインの「症状」ですらありません。

　本書でテーマとしているのは、はっきりと病気とまでは言えないけれども長期的にはQOL（「生活の質」が一般的な訳ですが、ここでは「人生の質」としたい）を下げてしまうような葛藤構造としての「自傷的自己愛」です。頑張って社会適応はしているけれども慢性的な「生きづらさ」をもたらすような感覚。私の見たところ、そうした意味での自傷的自己愛が、親の養育方針にのみ起因することは、男性ではそれほど多くありません。むしろ思春期以降の人間関係、スクールカースト、いじめ被害、不登校、ひきこもり経験、恋愛経験の乏しさ、年相応（と想定されている）社会経験の乏しさ、などに由来するケースが圧倒的に多いという印象があります。

しかし、女性の場合はいささか事情が異なります。先にも述べた通り、**女性の場合、親との関係、それも母親との関係の影響が男性に比べてはるかに強い。**その意味で女性の「自傷的自己愛」は、男性のそれとはまったく別物かもしれない、と思えるほどです。

母は娘を身体から支配する

ここからは、主に母娘関係の特殊性に焦点を絞って述べてみたいと思います。そこには父と娘、母と息子、父と息子といった関係性には見られないような特殊な関係があります。端的に言えば、母娘関係は、しばしば無自覚な支配関係に陥りやすく、双方にその自覚がないためにこじれやすいという問題があるのです。

最近になって「毒親」という言葉をしばしば目にするようになりました。子どもに対して毒になる親、というほどの意味です。虐待をするような親も含まれますが、多くの場合、身体的な暴力などよりももっと曖昧《あいまい》な、心理的暴力を子にふるい続ける親、という意味で使われることが多いようです。私の印象では、「毒親」の告発は、娘から母へのものが最も多いように感じています。

毒親と言っても一様なものではありません。非常に抑圧的な母親のもとで苦しんでいる娘もいれば、逆に母親と密着しすぎて、離れるに離れられず葛藤している娘もいる。あるいは、傍目には一見仲良さそうな関係であっても、ふとしたはずみで水面下のどろどろした部分が眼に入ってしまう場合もあります。

もちろん父―息子関係だって大いに問題を抱えることがありえますが、「問題のありよう」はずっと単純です。父が敵ならば象徴的な「父殺し」をすればいい。これには社会的に父を超える、あるいは父と縁を切る、など、いろいろなやり方があります。母と娘の関係が難しいのは、これと同じ意味での「母殺し」がほとんど不可能だからです。

私はかつて、こうした母娘関係の特殊性に注目して、『母は娘の人生を支配する』（NHKブックス、二〇〇八年）という本を書きました。もちろん母娘問題は、日本だけで注目されている問題ではありません。母娘関係の難しさについて書かれた本は、欧米でもベストセラーになっています。つまり、それだけ普遍的な問題と考えられます。専門家では臨床心理士の信田《のぶた》さよ子《こ》氏が数冊の著書を発表されていますし、最近では漫画家の田房永子《たぶさえいこ》氏が、漫画作品やエッセイ、Twitter などで積極的な発信をされています。

私の本も「男性にしてはまあまあよく書けている」くらいには評価されたようで、当初の予想以上に広く読まれましたし、母と娘というテーマの講演会にも講師として招かれる機会が増えました。拙著に対する、当事者からの共感や納得の声も大いに励みになりました。さしあたり私による問題提起とその分析は、そんなに的外れでもなかったのだと考えて良いでしょう。

以下、私なりに分析し得た母娘関係の問題を簡単に説明してみようと思います。

身体性とジェンダー・バイアス

私の主張というのはかなり単純です。**なぜ母娘が特殊なのか、それはつまるところ、双方が「女性の身体」を共有しているから、ということになります。**父と息子だって身体を共有しているじゃないか、という指摘もあり得るでしょうが、あえて断言します。精神分析的な視点から見て、極論すれば男性は身体というものを持っていません。健康な男性の身体はいわば〝透明な存在〟で、それゆえ彼らは、日常的に自らの身体性を意識することはほとんどありません。彼らが自分の身体性を思い出すのは、病気など特別な場合だけです。

もちろん異論がある方もいらっしゃるかもしれませんが、この議論は男女のジェンダーをかなり抽象化したうえで、男性は自らの身体を意識しにくい心身の構造を持っている、というくらいに理解していただければ結構です。

これに対して女性は、普段から自分の身体性を意識せざるを得ない状況で生きています。第一に、月経をはじめとして、健康であっても身体的な違和感を覚える機会が男性よりもずっと多い、ということがあります。低血圧や便秘、立ちくらみ、頭痛といった不定愁訴を抱えている割合も、男性よりもずっと高い。日常的なレベルで、身体を意識せざるを得ない機会がたいへん多いのです。

第二の要因はジェンダー・バイアスです。「女らしさ」という言葉がありますね。試みに女らしさを構成する要素をイメージしてみてください。しとやかな仕草であるとか、おっとりしたしゃべり方であるとか、あるいは優美な服装や身のこなしなど、さまざまな要素が思い浮かびます。それらのほとんどは、身体性と深く関係しています。つまり女性を女性らしく育てるということは、「見られる性」として、女性らしい身体を獲得させることにほかならないのです。

その一方で、抽象的な「女性らしさ」もありますが、それは「優しさ」や「たおやか強さ」「出しゃばらず控えめであること」など、**その本質は男性的価値観（「筋を通す」「強さ」「積極性」など）をひっくりかえしたものがほとんどです。**これらは言い換えるなら、**主体的な欲望を抑え込み放棄させるという方向ですね。**

以上を簡単にまとめるなら、「女性らしさ」のベクトルには二つの矛盾する方向性があることになります。

つまり、他者から見られ欲望されるような「女性らしい身体性」を獲得する方向と、自らの主体的欲望は抑え込みつつ「女性らしい態度」に徹するような方向ですね。このとき、「欲望」について前者は肯定、後者は否定という矛盾が生じます。この「女性らしさ」のはらむ逆説が、女性固有の空虚感や抑うつ感につながりやすいと言われています。

女性らしさを目指した「しつけ」は、女性らしい身体性と態度の獲得を意味するわけですが、少なくとも前者についてては母親にしかできません。つまり、**母親による娘へのしつけは、ほとんど無意識的に娘の身体を支配することを通じて開始されることになるわけです。**その目的がまっとうであろうといびつであろうと、まず発端にこうした「身体的同一化を通じての支配」があるということに注意してください。まさにこの点が、母娘関係を特別なものにするのです。こうした関係は、身体を共有できない母―息子、父―娘、父―

息子関係では決してありえないのですから。

さて、母親による娘の支配には、いくつかの形態があります。中でも「抑圧」「献身」「同一化」の三つが、代表的なものと言えるでしょう。

もっとも露骨な支配としての「抑圧」は、言葉によってなされます。ここには単純な禁止の言葉も含まれますが、そればかりではありません。萩尾望都《はぎおもと》氏の作品「イグアナの娘」のように、母親からイグアナと言われ続けた娘は、自身をイグアナとしか認識できなくなるような事態が起こりうるということ。このとき、娘の身体を作り上げるのは、母親の言葉です。それらの言葉は娘に決定的な影響をもたらしますが、もちろん母親の意識としては「あなたのため」「よかれと思って」なのです。

親の何気ないひとことで、娘が人生の重荷を背負わされてしまう例は、よしながふみ氏の漫画「愛すべき娘たち」にもみられます。主人公・雪子《ゆきこ》の祖母は、娘つまり雪子の母・麻里《まり》に対し「あなたは可愛くない」と言い続けてきました。しかし実際には、麻里は通りすがりの人が振り向くぐらい美しい子どもでした。祖母は娘が周囲からちやほやされ、高慢な人間に育つことを危惧《きぐ》するあまり、「あなたは可愛くない」と言い続けたのです。これが呪いの言葉となって、麻里の人生を呪縛します。麻里は美人となって、歳を重ね人生を謳歌《おうか》しているように見えますが、自分の容姿に対するコンプレックスが抜けず、自己肯定感の形成に失敗したまま苦しみを抱えていたのです。

祖母が母に対して吐いた「呪いの言葉」が、娘のためを思っての言葉であったことは間違いないでしょう。しかし**「呪いの言葉」というものは、決まって「あなたのためを思って」ではじまるものです。**ほんとうは、祖母はこう言うべきでした。「あなたは世界一可愛いけれども、決してそれを鼻にかけてはいけませんよ」と。それが「あなたは醜い」という呪いに変換されてしまうのは、支配欲以外の理由を思いつけません。人間の根源には、他人を支配したい、他人を変えてやりたい、という欲望が潜んでいます。男性の支配欲はわかりやすいので反発や批判ができますが、女性の支配欲はかくも隠微で本人自身もその自覚がないことも多いため、きわめて強力でその影響も長期に及んでしまうのです。

「否定」と「愚痴」という支配

私の見るところ、女性の「自傷的自己愛」者には、母から否定され続けてきた人が少なくありません。娘に限らず息子にとっても「親から否定され続ける」ことの影響は、ほぼ生涯にわたり続きます。ひきこもっている人の中にも、そうした処遇に強い怒りを感じ、親とは一切口を利かず顔も合わせずに生活している人がいます。それは病気の症状などではありません。いわば被害者の全存在をかけた復讐《ふくしゅう》です。そういうケースで「どうしたら関係修復できるか」という相談を受けることがありますが、なにしろ病気とは別次元の問題なので「許してもらえるまで謝り続けてください」としか答えようがありません。

女性の中には、思春期から一貫して「母親の負の感情のはけ口」になってきた人もいます。不思議なことに、息子に思うさま愚痴をこぼす母親は非常に少ない。母親のありったけの愚痴をぶつけられるのは娘、それも長女が多い気がします。

この「否定」と「愚痴」のセットメニューは、ほぼ無自覚になされているとは言え、きわめて巧妙な「支配」の手口になっています。どういうことでしょうか。娘は否定され続けることで自尊感情や自己価値感情が低下します。くわえて愚痴をぶつけられることで、母親を「自分がケアをしなければならない存在」として認識させられます。こうした状況下で養育された娘は「自分には価値がないのだから、せめて母親をケアしなければ」と思い込まされていきます。もしも娘がどこかで、自分の不当な扱いに怒りを覚えたとしても、「ケアすべき存在」である母親に対してそれをぶつけることはためらわれます。仮に母親のもとを離れたとしても、「母親のケアという責務を放棄した」という罪悪感に苛《さいな》まれます。母親からの心理的虐待を恨みながらも結局は母親のもとに戻ってしまう娘は少なくありませんが、私にはそれが「うるわしい母娘の絆《きずな》」みたいな美談とは思えません。むしろ自分が認知症になった後でも見捨てられないために、時間差で発動する後催眠のような支配のテクニック、それこそが「否定」と「愚痴」のセットではないでしょうか。

「母殺し」の困難

娘へと向けられた母親の言葉は、しばしば無意識に母親自身を語る言葉です。つまり、母親自身が自らの葛藤を通じて作り上げたサバイバルのための言葉です。このとき母親の身体性は、「母親の言葉」という回路を通じて、娘へと伝達されていきます。すべての娘たちの身体には、母親の言葉がインストールされ、埋め込まれているといっても過言ではありません。それゆえ表向きはどれほど母親を否定しようとも、娘たちは、すでに与えられた母親の言葉を生きるほかはなくなります。「母殺し」が困難を極めるのは、こうした「内なる母の言葉」を消し去ることが困難であるからです。

「献身」という支配もあり得ます。母親の支配は、常に高圧的な禁止や命令によってなされるばかりではありません。表向きは献身的なまでの善意に基づいてなされる支配もあるのです。娘の学費を稼ぎ出すために身を粉にして働く母親、娘が自立してからも、ひんぱんに連絡を取ってはアドバイスしようとする母親、こうした善意は正面からは拒否も否定もできません。**それが支配であると薄々気づいていても、そこから逃げることは娘たちに罪悪感をもたらすからです。**臨床心理士の高石浩一《たかいしこういち》氏は、こうした支配形態を「マゾヒスティック・コントロール」と名付けました。

この種の支配は息子にはほとんど効きません。母の献身に対して、息子はまったく罪悪感を（そして感謝も）覚えないからです。ここにも「ジェンダー格差」がありますね。あるいは娘たちの覚える罪悪感とは、身体的な同一化なしでは生じ得ないような、特異な感覚なのかもしれません。

「同一化」とは、簡単に言えば、母親が娘に「自分の人生の生き直し」を求めることです。そこには「抑圧」も「献身」も含まれます。この形態が一番母親の利己性が強く発揮されるかもしれません。ですから、娘からの強い反発も生みますが、その反面、こうした支配形態が首尾良く完成すれば「一卵性母娘」ができあがります。ここまで同一化が進行してしまえば、もはや双方に支配―被支配の自覚はほとんどなくなっているでしょう。比喩《ひゆ》的に言えば、細胞レベルで身体が融合してしまっているような状態です。

支配が嫌なら逃げ出せば良い、とお考えでしょうか？　確かに別居したり距離を置いたりすることが有効な場合もあり得ます。しかし、言うほど簡単ではありません。母親による支配は、それに抵抗しても従っても、女性に特有の「空虚さ」の感覚をもたらさずにはおかないようなものです。まして**抵抗したり逃げ出したりした娘は、解放感ばかりでなく強い罪悪感も抱え込みます**。ずいぶんひどい扱いを受けながらも、母親の元に帰っていく娘たちが多いのはそのためもあるでしょう。同一化を通じてなされる支配においても「細胞融合」は起こっています。母殺しは自分殺しにそのままつながってしまうからこそ、困難を極めるのです。

親と子の呪縛を解くために

母と娘の関係に限ったことではありませんが、親子関係が自己愛に大きく影響することはまちがいありません。いまさら三歳児神話を蒸し返す意図はありませんが、発達理論に大きな影響を与えている愛着理論も、そのことを支持しています。私自身については後述しますが、それなりに安定した自己愛を獲得できたのは、両親による無条件の肯定が基盤にあると考えています。多くの患者が、子ども時代に親から言われた人格否定的な言葉の影響に苦しんでいる事実を考え合わせると、**健康な自己愛こそは親が子に与えうる最上のプレゼント**ではないかとすら思います。ここで私が「親」というのは、「子どもの身近にいる人」という意味なので、必ずしも母親であるとか肉親を意味するわけではありません。いかなる家庭環境でも健康な自己愛を与えることができますし、あえて言えば「コスパ」も最高です。**成人してから自傷的自己愛の修復にかかるコストを考えるなら、健康な自己愛を育《はぐく》む価値はいくら強調してもしたりないほどです。**

健康な自己愛を育む教育方針となると、おそらく最近では「アタッチメント（愛着）理論」が参照されると思います。

アタッチメント理論の提唱者である精神分析家ジョン・ボウルビィは、赤ん坊がより安定した自己イメージやアイデンティティをつくりあげていく上で、養育者との安定したアタッチメントが大事だと主張しました。赤ん坊が泣いて不安や不快を訴え、接触を求めて甘える。養育者がそれに応《こた》え、双方の間に愛着が生まれる。乳幼児期の訴えや要求への応答が密なほど、安定した愛着関係を築くことができる一方で、この時期に愛着が形成されないと、愛着形成障害を生じ、心身の不安定や行動障害をもたらす。ごくごく大雑把にいえば、これがアタッチメント理論です。

三歳までは母親が側にいないと子の健全な脳の成長が阻害されるという、いわゆる「三歳児神話」に似て見えるかもしれませんが、エビデンスのない三歳児神話に比べ、アタッチメント理論にはしっかりとしたエビデンスの裏付けがあります。また、**アタッチメント理論の愛着対象は、母でも父でも双方の祖父母でもかまわないとされており、母性を過大評価しないのも重要な特徴です。**

いわゆる「愛着障害」がもたらす問題は、「自傷的自己愛」に限定されない広がりを持ちますので、アタッチメントについてはこれ以上立ち入りません。ただ私の印象としては、自傷的自己愛をもたらす親子間の問題は、幼児期よりも思春期以降に顕著になっているように思います。さほど虐待的ではない、当たり前の養育環境で育った人でも、物心が付いた以降に両親、特に母親から否定的な対応をされることで、自傷的自己愛を持つに至った人が多いのではないでしょうか。ACについてもそうでしたが、自傷的自己愛は愛着障害の症状の一部ではありえますが、すべてではありません。

これは私の個人的印象として聞き流していただいてもいいのですが、以上のことから**私は、自傷的自己愛は愛着障害ほど深い病理性は持っていないと考えています。**むしろ、ある時期までは健康に発達してきた自己愛が、主に思春期以降に、身近な重要人物――両親であることが圧倒的に多いわけですが――に傷つけられることで生ずるねじれから自傷的自己愛がもたらされるのではないか。そう考える根拠は、どれほど自傷的に見えようとも、その根本にはそれなりに健康な自己愛が透けて見えるからです。これは男女を問わず言えることです。

先述したように、男性の場合は親からの影響というよりも、学校や職場などでのいじめをはじめとする尊厳の傷つきに起因することが多いという事実もあります。その意味では自傷的自己愛は、ＡＣや愛着障害よりも病理の根は浅い、とは言えるかもしれません。断っておきますが、これは苦痛の程度が軽い、という意味ではありません。ただ、根が浅い分だけ、回復可能性も高いとは言えるように思います。

ここで話を母と娘の関係に戻します。いかに根は浅いとはいえ、何年間にもわたって支配―被支配の関係が続いた場合、自傷的自己愛の程度がより深く、慢性的で、固定的なものに変わっていく可能性もないとは言えません。問題の所在に気付き、それをなんとかしたいと考えた場合に、どのように振る舞うことが望ましいのでしょうか。もちろん親子関係も多様なものですから、単純な一般解を示せるとは限りません。しかし大まかな方向性やヒントは示すことができると思います。

親との問題は、親が亡くなったからといって解決しません。むしろ、解決できない課題が積み残されてしまいます。修復する前に親が認知症になる、病気で亡くなるというケースも少なくありません。**親の死によって、自己肯定感を回復する機会を失い、現状が固定化されてしまう悲劇が起こります。**

問題に気付き、相対化する

母との関係に問題があると気付いた娘が、こうした母娘関係から自立するには、どうしたらいいのでしょうか。先述の著書で私が提案した解決策は、**第一に「問題の存在に気付くこと」**でした。私がほとんど極論のように「すべての母は毒母であり、すべての母娘関係は支配関係である」と主張しているのは、かなりどぎつい表現を用いないと、当事者にこの問題に気付いてもらえない、という危機感があるからです。その意味で「毒母」という言葉は「ＡＣ」と同様に「当事者の自覚を促す言葉」として機能します。

では、気付いたらどうするのか。**「母親の権威を相対化する」**ことです。**母親は娘のあなたにとっては特別な存在だったでしょうが、同時に一人の不完全な女性です。**そのことをよく理解することです。ある作家はその方法について「母親の結婚前の話を聞いてみること」を勧めていましたが、これはかなり良いアイディアではないでしょうか。まだお母さんが妻でも母でもない一人の女性であった時代の話を知ることで、「母の重さ」が少しだけ軽くなるかもしれません。

ついでお勧めしたいのは、やはり「別居」です。ずっと同居したままで、精神的に自立することは、おそらく不可能です。経済的に頼らざるを得ない場合、難しいかもしれませんが、たとえ仕送りを受けながらでも、一度親元から離れてみることには意味があります。将来同居に戻るとしても、ともかく一度母から距離を取り、自分たちの関係性を見直すこと。それが自立への重要な第一歩になることでしょう。

もちろん、父親やパートナーなど「第三者の介入」も有効です。母娘の二者関係は、しばしば閉じた状態で最もこじれやすい。夫の立場、あるいは父親の立場からの介入は何度でも試みるべきです。

母娘問題の黒幕は父親

私はこれまで、しばしば「母娘問題の黒幕は父親である」と主張してきました。父親が夫婦関係のメンテナンスを怠り、妻としての立場を失った母親が、母子密着の絆を深めて

あたかも復讐のように父親を疎外する。家で一番威張っている父親が、実は母と子のコミュニケーションサークルから外されているというよくある図式です。密着は母と息子の間にも起こりえますが、身体的な違いがあるため母と娘ほどの「一体化」は起きにくい。しかし母と娘の密着は、あっさりと一体化という支配につながってしまいます。

ですから、**この問題に父親が気づいて、母親と向き合い、夫婦関係を見直すだけでも良い変化につながる可能性があります。**たとえ気づいたとしても、いまさら介入は難しいとお感じかもしれませんが、やってみる価値はあります。娘のため、というよりは、家族全体の「再生」のために、世の父親たちにはぜひとも協力していただきたいと思います。

こじれにこじれて、親とは顔も合わせたくない、話したくないという人も少なくありません。この場合、潔く親との修復をあきらめ、関係性を希薄にする、親を捨てるという選択肢もありますし、そのためにカウンセリングを受けてみるのもいいでしょう。

私も関係修復のための対話に立ち会うことがありますが、その場合は、**理不尽な思いも含めていったん、すべて吐き出しましょうと提案します。**理想的には、両親の前で一回全部吐き出すことです。一度すべて吐き出すことで、切り替えができる人はけっこういます。

親の何が嫌だったかを、本人が繰り返し語っていく。**繰り返し口にすることで、だんだん**

思いが緩和され、関係性が和らぐ場合もあります。

ひたすら非難される親からすれば、かなり辛《つら》い経験になると思いますが、娘のために一肌脱いでもいいと思えるなら、さしあたりは聞き役に徹する方針で同意をとり、治療に加わってもらいます。対話は十数時間に及ぶ可能性もありますが、子どもの思いを一切の反論や自己弁護抜きで聞いてもらいます。**これは「治療（キュア）」というよりは、その人の持っているエネルギー、健康さを引き出す行為である「ケア」に近いと思います。**キュアの前に、まずはケアを心がけましょう。

最後に。どんなに悪い親でも、いままで育ててもらった恩があるだろう。その恩も忘れて「毒親」とは何事か。という教育勅語的な怒りをお感じの読者もおられるかもしれません。しかし、**孝を最高原理とする儒教倫理的な抑圧が、親による虐待、体罰、ネグレクトといった行為を隠蔽《いんぺい》してきたのも事実です。**古臭い道徳観念に囚《とら》われず、現代の市民社会を生きる個人として、母親の支配に苦しめられる娘がこれ以上増えることがないように、社会そのものの価値観も変化していくことを祈っています。

第四章　健全な自己愛を育むために何ができるか

「自己肯定感」は続かない

表立って流行語として言われることは少ないのですが、言わば陰の流行語として「自己肯定感」は、いまや盤石の地位を獲得したかに見えます。先にも紹介しました通り、自己肯定感という言葉を冠した書籍は、汗牛充棟と言ってよいほどあふれています。もちろん、そのほとんどが、どうすれば自己肯定感を高められるかというテーマを扱っています。そこにはいわゆるポジティブ心理学の応用編もあれば認知行動療法の考え方を応用したものもあり、中にはもちろんオカルト的なニセ科学的な装いのものも見受けられます。いや本書にしても、最終的には自傷的自己愛からの回復について触れようとしているのですから、そうした「自己肯定」本の一つと言われればその通りかもしれません。

カウンセラーの信田さよ子氏が「自己肯定感」という言葉を批判して話題になったことがあります。その背景として、「自己肯定感」といういかにも自己啓発的な言葉が、自分を好きになれない個人をさらに苦しめたり、子育てを難しくしたりしている側面があると説明されていました。ほぼ同感なのですが、私の実感としては「自己肯定感」という言葉が流行する以前から、「自傷的自己愛」に悩む若者は大勢いました。彼らが救いを求めて自己肯定にしがみつくことはしかたがない、とも考えています。

本書では、とりあえず簡単に自己肯定感を高める方法について詳しく述べたり推奨したりすることはしません。これは自己肯定感という言葉と自己愛という言葉の違いを意識しているためもあります。この点についてはこれから述べますが、**私は自己愛の健全な成熟について考える上で、性急な自己肯定感の追求はむしろその妨げになると考えています。**

以下、この点について検討してみましょう。

自己肯定感という言葉の使い方は、果たして現状のままでいいのでしょうか。自己肯定感というキーワードが定着し、その獲得方法がこれほど求められているという状況は、裏を返せば自己を否定している人、自分が好きになれない人が非常に多いという状況の反映とも考えられます。

「自己肯定感」という言葉の歴史は意外に新しく、一九九四年に心理学者の高垣忠一郎《たかがきちゅういちろう》氏によって提唱されています。ちなみに高垣氏によれば、「自己肯定感」とは、「自分が自分であって大丈夫」という、存在レベルの肯定を意味するとのことです〈《私の心理臨床実践と「自己肯定感」》高垣 忠一郎 退職記念最終講義より http://www.ritsumei.ac.jp/ss/sansharonshu/assets/file/2009/45-1_03-02.pdf〉。その意味では普通に「自己愛」とも呼べそうな気もしますが、ともあれ、もともとはそういう深みのある言葉だったわけです。

これに関連してよく紹介される調査に、日本の子どもの自己評価が国際比較でも有意に低い、というものがあります。

たとえば、内閣府によって実施された日本を含めた七カ国（日本・韓国・アメリカ・英国・ドイツ・フランス・スウェーデン）の満十三〜二十九歳の若者を対象とした意識調査（二〇一四年）では、日本人青年の自己肯定感の低さが指摘されています（『平成二十六年版子ども・若者白書』内閣府）。国立青少年教育振興機構青少年教育研究センターによる日本・アメリカ・中国・韓国の高校生を対象とした調査（二〇一五年）でも、「自分はダメな人間だと思うことがある」と回答した者の割合は、日本の高校生が七十二・五パーセントと最も高かったと報告されています。

しかし、この違いについては、協調性や謙遜《けんそん》を大切にする文化の影響もあると考えられていて、必ずしも自己肯定感が低いから日本人はダメだ、という単純な話ではありません。

そもそも自己啓発書や自己肯定感を高めるハウツー本などには、自信があることが成功の条件のように断定的に書かれがちですが、本当にそうなのでしょうか。

自己肯定感がなくても、頑張る人たち

百円ショップで有名な「ダイソー」を運営する大創産業は、日本国内に約三三〇〇店舗、世界二十六の国家・地域に、約二〇〇〇店舗を展開している大企業です。売上高四七五七億円（二〇一九年三月末）は、ヤクルト、スクウェア・エニックス、ヤマハなどの企業を上回っています。ここの元社長である矢野博丈《やのひろたけ》氏は、ネガティブな発言が多いことで有名です。

「そもそもダイソーなんて底の浅い商売ですから」「わしは劣化した。もうしょうがない」「お客様はよう分からん」「私はどうしようもないただのオッサンです」「お客様にはすぐ飽きられるものです。ずーっとずーっと恐くて、眠れなかったんですよ」「やってきたことがいいか悪いかは、ダイソーが潰《つぶ》れる時にならんとわかりません」「経営計画、戦略、そんなもんないです。目標ないです」「人間は、先を見通す能力なんてないんです」「生きるということは、基本的に楽しいことではありません」などなど。なお出典は閉鎖した某まとめサイトのようなので、信憑《しんぴょう》性に若干問題はありますが、あちこちで何度も引用されているため、事実という前提で話を進めます。

矢野元社長は「潰れないように頑張る」がモットーらしいのですが、たしかにこういう

頑張り方もあると思います。というか、そういう境地でひとつひとつの現場をしのいでいって、ふと気がついたら成功していた、ということだって十分にあり得るでしょう。よく知られているように、成功者の自伝や自己啓発本は「生存者バイアス」の見本市みたいなものです。ほぼ同じ考え方や手法のもとで無惨に失敗した人々の死屍累々《ししるいるい》の上に、一握りの成功者が「自信を持て！」「やればできる！」「とにかく動け！」とコブシを振り上げているようにしか見えません。**私は「たまたま上手《うま》くいった結果」から導かれた成功哲学などはあまり信用できません。**実はかなり多くの経営者の本音は、矢野氏のように自信がなく、目標もなく、不安を抱えてその場その場をしのいできた、というあたりではないでしょうか。ただ、経営トップがそんな不景気な発言をしていたらいろいろ悪い影響がある、というだけの理由で、そういう本音が語られる機会が少ないのではないでしょうか。
ことは経営に限りません。物を書く、何かを作るという作業についてはどうでしょうか。

　私もこれまで、原稿の締め切りを守ったことがほとんどないという怠惰な人間ですが、それでも本業の傍ら五十冊以上の著書を出版してきました。その原動力は何だったのか。ひとえに「この原稿を落としたら、もう執筆の依頼はなくなってしまう」という不安と恐怖です。後述するように**私は自己愛の強い人間ですが、少なくとも自信や自己肯定感がも**

のを書く原動力だったことはほとんどありません。むしろ逆です。書き始める前は、何を書いて良いのかすら見当も付かず、辛《つら》くしんどい思いをして、やっと依頼原稿を書きあげる。そうやって完成した原稿についての自信だけが、ほんの束の間、私の自己愛を強化してくれます。でも、そうした自己満足が続くのはもって数日、後は再び「自分にはもう書くべきことなど何もない」という思いに苛《さいな》まれるのです。こんな経験は私だけではないでしょう。

単純に、**自己肯定感が高い人ほど、どんどんものが作れるということはありません。**過去の偉大な創作者の例を考えてみても、みんながみんな自信満々で作品を作っていたなんてことはありません。中には村上春樹《むらかみはるき》氏のように、自分の無意識にダイブするようにこつこつと長編を書き上げたら、その原稿をゆっくりと何度も楽しみながら加筆修正する、なんていう人もいます。でも村上氏にしても、その過程において「俺ってすごい」とか思いながら書いているかと言えば、そんなことはないでしょう。作品が完成したら、ちょっとはそう思うかもしれませんが、それを傲慢《ごうまん》と思う人はほとんどいないはずです。

もっと極端な例で言えば作家のフランソワーズ・サガン氏がいます。彼女は次のように書いている。「自信をなくすことのない人間っているかしら。わたしは自信を持つときがありません。だから物を書いているのです。自信のないことがわたしの健康であるわけです」（山口路子『サガンの言葉』だいわ文庫、二〇二一年）。

一九六〇年代には一世を風靡《ふうび》したスター作家にしてこの言葉。これは間違いなく謙遜ではないはずです。そして日本には、太宰治がいます。彼はこう書いている。

「けれども私たちは、自信を持つことが出来ません。どうしたのでしょう。私たちは、決して怠けてなど居りません。無頼の生活もして居りません。ひそかに読書もしている筈《はず》でありります。けれども、努力と共に、いよいよ自信がなくなります」

「私たちは、この『自信の無さ』を大事にしたいと思います。卑屈の克服からでは無しに、卑屈の素直な肯定の中から、前例の無い見事な花の咲くことを、私は祈念しています」（「自信の無さ」『太宰治全集10』ちくま文庫、一九八九年）。

太宰は自傷的自己愛の元祖、みたいな人ですから、これはよくわかりますね。彼は「如是我聞」という文章で、体育会系で自信満々に見える作家の志賀直哉《しがなおや》を批判していましたが、あれなどまさに「リア充爆発しろ」みたいな批判です。しかし私は、その志賀直哉にしても、常に自信に満ちて筆を執っていたとは思えません。ただ、志賀自身の美意識から、執筆の苦労話のような文章は書かなかっただけのように思います。

不安を感じない作家は極めて稀

もし、書くことについて何の不安も感じない作家がいたとしたら、それは書く前から書くべきことがわかっているからでしょう。しかし、そのような作品が面白いとは到底思えません。私も三十年近く文章を書いてきて、とりあえず書き始めればなんとかなることはわかっています。それで五十冊書いてきても、まだ不安なのです。常に「今度こそ、自分は何も書けないかもしれない」という恐怖と戦っている。確かに私は多くの本を書いてきて、その一部はいまも読まれています。その内容を高く評価してくれる人もいます。しかし残念ながら、そうした「業績」そのものは、私の自己肯定感にあまり寄与していません。

先にも述べた通り、**私の自信がわずかなりとも回復されるのは、会心の文章が書けた瞬間と、その後の数日間ほどです**。つまり私は「書いている自分」が好きなので、もし書けなくなったら、自信は急速にしぼんでしまうでしょう。よく作家の方が口にする「最新作が最高傑作」というのは、たぶんそういう意味だと思います。言い換えるなら、この言葉こそが、作家の不安と自信のありかを象徴しているのです。こうした不安とまったく無縁な物書きの文章を、私はあまり読みたいとは思いません。例外は石原慎太郎《いしはらしんたろう》氏くらいです。

石原氏は作家としては非常に幸福な方で、彼の創作過程を直接聞いた限りでは、ほとんど懊悩《おうのう》や逡巡《しゅんじゅん》のあとがみえません。書きたい欲求が高まってきたら、一気呵成《かせい》に書いてしまう。ほとんど生理現象です。それで結構な傑作が書けてしまうのですから、色々な意味で例外的な存在だったと思います。それでは石原氏こそは、自信満々の自己愛的人間だったかといえば、まったくそんなことはないのが面白いところです。これについて詳しく話すと長くなってしまうのですが、政治家の中でも石原氏ほど自分の話をしたがらない人は珍しい。秘密主義、という意味ではなくて、自分がほめられたり持ち上げられたりすることが苦手のようなのです。対談などでそういう話になりかけると、ぱっと体をかわすように話題を変えようとする。世間ではあたかも傲岸不遜《ごうがんふそん》の典型みたいに思われているわけですが、私に言わせれば石原氏は気遣いと含羞《がんしゅう》の人、という印象でした。これもまた一面に過ぎない、と言われればそうなのでしょうが。

幸福度と自己肯定感の相関関係

閑話休題、「自信がないから物を書く」、これは普遍的な真理ではないかと思います。物書きの端くれとして断言しますが、自信と自己肯定感は「物を書く」原動力にはなり得ま

せん。「書かない自分を肯定できないから書く」という意味では、動機の一部くらいにはなるでしょう。しかし、自分自身に対するポジティブな感情だけでは、「何かを作る」ドライブにはなりにくい。多くの作家やアーティストにインタビューしてきた経験からしても、これはかなり普遍的な真実ではないかと思います。

人はときに、絶望感や喪失感、うつ状態であるがゆえにものを作り、描き、書くことがあります。私の若い友人である坂口恭平《さかぐちきょうへい》氏は、うつ状態の時に大量の文章を書くのだそうです。彼は双極性障害に罹患《りかん》していて、書くことには自己治療の意味もあるとのことです。ここで興味深いのは、躁《そう》状態の時でも文章は書けるけれど、うつ状態の時に比べても底が浅い、つまらないということです。確かに軽躁状態の人は時に創造性が高まることがありますが、量はともかく質が高いとは限りません。文章で言えば紋切り型で俗っぽい方向に流れる傾向があるように思います。一般にうつ状態は無気力化するので創造とは無縁と思われがちですが、そこからも創造性を引き出しうるというのは非常に興味深い事実でした。

以上の経験からも言えることですが、**強い肯定感のみがずっと持続することはきわめて難しいのです。**私個人のことで言えば、ありがちなことではありますが、週の前半は否定的な気分が続き、週の後半は肯定的な気分になるというサイクルが五十代後半からずっと続いています。前半の気分が上がる工夫をいろいろ考えたこともありましたがうまくいかず、結局は流れに身を任せるのが一番、という感じになっています。後半に気分が上がるのは、いわゆる「作業興奮」の影響も多分にあるでしょう。つまり生理的な変動なのです。

私が言いたいのは、**人間の気分の総和は基本的に一定であり、高い幸福度や自己肯定感は決して永続しない**、ということです。ずっと憧《あこが》れていた仕事に就けた、大好きな人とパートナーになれた、そうした幸福度を高めてくれるイベントに対しても、人はじきに慣れていきます。幸福度と自己肯定感はある程度平行していますから、幸福度が下がれば肯定感も下がる。しかし下がりっぱなしかと思いきや、ふとしたことで幸福度が回復される。結局はその繰り返しではないでしょうか。だとすれば、自己肯定感は自己愛の片側でしかなく、その反対側には自己否定や自己批判がもれなくついてくるのが普通ではないのか。

カルトの洗脳手法

私がそう考えるに至ったのは、あるカルト団体を取材したことがきっかけでした。「幸福会ヤマギシ会（以下ヤマギシ会）」といえば、一九六〇年代にはカウンター・カルチャー志向の知識人によって高く評価された思想実践集団です。一時期は世界最大規模のコミューンを形成するほどの団体でした。そこで生産される農産物は、かつては全国のデパートなどで扱われ人気を集めていました。ヤマギシ会の基本理念は「我執」から解放され「研鑽《けんさん》」を通じて自他一体の全世界的な繁栄を目指すことです。ヤマギシ会では定期的に「特別講習研鑽会（特講）」を開催しており、一般にも広く参加を呼びかけています。七〇年代には学生運動に挫折《ざせつ》しユートピアを夢見る学生たち、八〇年代には子育てや生き方に悩む主婦やサラリーマンが多数参加したといいます。本筋からは外れますので詳しい解説は別の著書に譲りますが（『博士の奇妙な思春期』日本評論社、二〇〇三年）、この「特講」が一種の洗脳として作用していることから、私はこの団体を「カルト」とみなしています。

「特講」はヤマギシ会の基本理念を体得するための講習会です。たとえば「怒り研鑽」と呼ばれる講習では、まず参加者に「一番腹が立ったこと」と、なぜ腹が立ったかを説明させる。ここで腹立ちの理由をどのように説明しても、係りのものは「何故それで腹が立つのか」という問いかけしか返してこない。この問答を何時間でもえんえんと繰り返し、時には受講者を挑発し、なだめ、情緒的にゆさぶりをかける。受講者は最後には「もう腹が立たなくなりました」と涙ながらに訴えるようになります。いろいろ理由付けはあるようですが、これはかなり強引に「解離」と呼ばれる症状を起こすための手法です。**解離とは意識野が狭くなって暗示にかかりやすくなった状態**のことで、たとえば「催眠術」は、この解離を人工的に起こすためのテクニックです。

ヤマギシ会は「参画」時に、財産をすべて団体に提供することを求め、脱会時にも返還しないため、一時期は反ヤマギシ会活動が起こりました。私は脱会者の聞き取り調査に関わった経験がありますが、うつ状態に陥ったり、自殺して亡くなった方が多いと聞いて愕《がく》然《ぜん》としました。**幸福を求めて参画した団体が、その反作用のように、少なからぬ不幸と死をもたらしている。**カルト周辺ではよくあることのようです。この調査に関わって以降、**私はインスタントに幸福度や自己肯定感を高める手法全般を疑うようになりました。**

ネット上にも「自己肯定感を高める手法」の情報があふれています。

「ネガティブなことを書き出してみる」「自分を肯定する言葉を繰り返す」「寝る前に、その日にあった良いことを三つ数える」「悲観的な考え方を修正する」「SNSを見ない」「体を大きく見せるような、力強い姿勢を取る」などなど。私自身はためしたことはありませんが、どれもそれなりに有効だろうとは思います。うまくいけば一ヶ月くらいは幸福になれるかもしれません。しかしその後、ずっと幸福感が続くかといえば、いずれ大きな揺り戻しが来る可能性を否定できません。

私は安直に高められた自己肯定感は、遅かれ早かれ、必ず反作用をともなうと確信しています。もちろん自己肯定感を高める努力を全否定するわけではありません。高められた自己肯定感が、人とのつながりや活動の端緒となって、さらなる自己愛の成熟をもたらす可能性もゼロではないからです。ただ、私自身は、そうした手法を人に薦める気にはなれない、というほどの意味です。

「優生思想」の陥穽

ここでちょっと寄り道をしますが、**自傷的自己愛に陥っている人に典型的な発想として、「仕事での成功」などによって自分の価値を高め、自分を肯定できるようになりたい、というものがあります。**これは、きわめて危険な罠《わな》です。その理由は以下の三つです。

①高すぎる目標設定が行動を阻む
②実際に達成できても自己肯定感が意外に高まらない
③この発想自体が優生思想的で、セルフスティグマにつながる

こうした発想の何が問題となるか、順番に説明していきましょう。

まず①ですが、これはわかりやすいでしょう。その目標が「今から勉強し直して東大に入りたい」とか「漫画家になってベストセラーを出して金持ちになりたい」といったものである場合、本人自身がその困難さをよくわかっていて「どうせ無理」という思いが先立つため、行動に移せません。また自信がないので行動が続きません。動けないこと、行動できないことそのものが「やっぱり自分はダメだ」という思いにつながり、悪循環にはまり込んでしまいます。

②については、先述した、表面的には成功しているが自傷的自己愛を克服できない人の例からもあきらかなように、**成功が自信の糧にならない場合が意外に多い**のです。大変な努力をした割には、思ったほど自信がつかなかったという話はよく聴きます。もちろん例外もあるでしょうが。

③「自分は何ものでもない、何もしてこなかった自分には価値がない。だから死んだ方が良い」ということを言う方は多いのですが、「価値がない人間は死ぬべき」というのは、**典型的な優生思想です。自分のことだからいくら罵倒《ばとう》しても良いと考えているなら、それ**

は間違いです。自分自身に無価値の烙印《らくいん》を押すことはセルフスティグマであり、自己愛を萎縮《いしゅく》させかねない行為なのでやめるべきです。

以下、優生思想について少し説明しておきます。

二〇一六年におきた「相模原《さがみはら》障害者施設殺傷事件」の犯人である植松聖《うえまつさとし》死刑囚に対して、事件直後、ネット上では驚くほど多くの共感の声が寄せられていました。植松は、意思疎通ができない「心失者」は生きる価値がない、と主張しており、この考えに同調する人々が少なくなかったのです。確認は難しいのですが、植松への賛同者の中には、ごく普通の社会人が多数いたのではないかと私は考えています。彼の**「生きる価値がない人間が存在する」という考え方そのものが「優生思想」に含まれます。**

どういうことでしょうか。一般に優生思想とは、優秀な遺伝子を継承すべく人工的な淘《と》汰《た》を肯定する思想、ということとされています。しかし広義には、**人間の「生」に対して、「良い生」や「悪い生」があるといった価値判断を下す思想全般がすでに優生思想です。もしあなたが「自分は無価値な人間だから死にたい」と考えているとすれば、そこにもすでに優生思想の萌芽があるのです。**

優生思想の起源はアメリカの断種法ですが、これを徹底して実践したのが、よく知られるようにナチスドイツです。ナチスドイツは「民族衛生」の名のもと、純粋ゲルマン民族を維持するためにさまざまな優生計画を実施しました。中でも有名なものが「T４作戦（障害者などの安楽死）」で、二十万人以上がその犠牲となりました。ここで恐ろしいのは、ヒトラーが作戦中止命令を出した後も、民間レベルで「野生化した安楽死（Wild Euthanasia）」が続けられたという事実です。つまり、優生思想的な発想は、多くの人々にとってはごく自然のものなのです。

それでは、優生思想の何が悪いのでしょうか？　良い生と悪い生がある、と考えるのはなぜ問題なのでしょうか？　悪い遺伝子を淘汰して国民全体の健康レベル向上を目指すことの、いったいどこが間違っているのでしょうか？

簡単には答えにくい問題ですが、哲学的に考えるなら、そもそも**「生についての価値判断は不可能」**ということになります。なぜなら、あらゆる価値の基盤が生命であるからです。そうであるなら、あらゆる価値の上位概念である生そのものについては、そもそも価値判断の埒外《らちがい》ということになります。逆に、なにかの価値を論じたければ「生の平等性」という前提から始めるしかありません。つまりあらゆる思想と哲学、そして価値観の大前提が「生の平等性」ということになるのです。

それにもかかわらず「生きる価値」を問おうとすれば、それは確実にあなた自身にも返ってくるでしょう。将来あなたが、あるいはあなたの家族が病気や加齢や障害を負うことで「機能しない人間」になった場合、あなたはただちに死を望むでしょうか。たとえ自傷的自己愛を持っていたとしても、それは難しいのではないでしょうか。もし難しいのであれば、そこにあなたの倫理性の砦《とりで》があります。役に立つかどうかで人の生を考えるべきではない理由も、まさにそこにあるのです。

こんな話をしているのも、ある時期、ひきこもり当事者の側から「積極的安楽死の合法化」を望む声が上がっていたからです。長期間ひきこもり続けた結果、生きていることが苦痛で仕方がない。自分には生きる価値もないが、さりとて自殺をすることもできない。合法的な安楽死が認められたなら、ためらわずにそれを選択できるのに、という訴えです。

私は、安楽死の合法化に絶対反対という立場ではありませんが、それでも精神的な苦痛については適用外にすべきであると考えています。医師ががん患者に塩化カリウムを注射して死に至らしめた東海大病院事件の横浜《よこはま》地裁判決（一九九五年）では、積極的安楽死を認めるための四要件が示されましたが、この要件をみるかぎり、精神的苦痛のみでは安楽死の対象にはなりません。当事者の絶望がいかに深くとも、精神的苦痛は可逆的であり、それを除去することが絶対に不可能とは言いきれないからです。以下に、その四要件を示します。

一、患者が耐え難い肉体的苦痛に苦しんでいる。
二、死が避けられず、死期が迫っている。
三、肉体的苦痛を除去・緩和するために方法を尽くし、ほかに代替手段がない。
四、生命の短縮を承諾する患者の明示の意思表示がある。

身体疾患により「死が避けられない」という条件は、ある程度は客観的に確認できます。しかし、ひきこもりが絶望的な状況かどうかについては、当事者の主観的判断しか根拠がありません。**精神的苦痛という主観的条件を安楽死の要件に含めてしまうと、拡大解釈による混乱が起きることははっきりしています。**慢性的なうつ状態の人が、治療よりも安楽死を選択する、などという事態が容易に予想されます。**私は精神科医として、何歳からでもひきこもりからの回復が可能であると考えているので、やはり安楽死には同意できません。**おそらくこの点に関しては、一部の当事者とは意見が一致しないかもしれませんが、それはしかたがありません。

繰り返し述べてきたように、当事者の苦痛や苦悩のかなりの部分は、セルフスティグマ的な自己卑下、自己否定に起因すると思います。当事者の多くは、いくら自己卑下しても他人には迷惑をかけないし、自分のことだから好きにしていいと考えているかもしれませんが、ここはあえて言いたい。**あなたが他者をむやみに否定しない倫理的理由があるというのなら、まったく同じ理由で、自分自身も否定しないでほしい、ということです。**

いままで述べてきた通り、**あなたの自己否定は、その根底に自己愛、つまり自分を大切にしたいという思いがあるはずです。あなたに自分を否定させているのは、あなた自身の価値観というよりは、世間的な価値観や同調圧力といった要素です。**つまりあなたは、自分自身で「自分に価値がない」ことを発見したわけではなく、社会や世間といった価値観のもとで、そのように誘導されているのかもしれません。もし少しでも思い当たることがあるようなら、自分一人で考えるのではなく、家族や友人、あるいはネット上の誰かでもいいので、対話をしてみてほしいと思います。

対話については、この後で少し詳しく述べます。

「我執」をどうする

自己愛ゆえに苦しむのならば、自己愛そのものを捨ててしまえば良い、という考え方もあります。いわゆる「我執」というもので、たとえば仏教では、これを捨てることがしばしば推奨されます。

仏教にもいろいろな流派がありますが、特に原始仏教に近い「上座仏教」では、この点をかなり強調します。私は以前、スリランカ上座仏教（テーラワーダ仏教）長老で日本テーラワーダ仏教協会長老のアルボムッレ・スマナサーラ氏と対談したことがあるのですが、上座仏教の教えの中心には「無常」と「我執の否定」があるそうです。

私は以前から、無常はともかく、我執については長老と意見が一致しないだろうと考えていました。確かに、我執を捨てれば心の平安は得られるでしょう。でもそれは、「去勢すれば煩悩は消える」とか「死ねば死の恐怖はなくなる」みたいな話であって、真実ではあっても誰にでも実践はできないのではないか。そういう疑問です。**我執すなわち自己愛を捨てるというのは、ほとんどの人にとって至難の業ではないでしょうか。**少なくとも私には無理そうです。私たちにできることは自己愛を捨てるのではなく、成熟させることだけでしょう。少なくとも私は、そのように考えています。

スマナサーラ氏の本から「無常を知る人」（我執を捨てた人、と読み替えてもいいでしょう）の特徴を抜き出してみます（『無常の見方』サンガ新書、二〇〇九年）。

・性格が柔軟で賢い。
・注意深く、失敗しない。人間関係のメンテナンスを怠らない。
・落ちついていて、パニックにならない。
・過去を後悔せず、未来に期待せず、明るい。
・楽しく生き、心を育てる。

実は、この特性をほぼ満たしている人を私は身近に知っています。先ほども名前を出した、アーティストで作家（ほかにも無数の肩書きがありますが）の坂口恭平氏です。私は坂口氏と往復書簡を交わしたことがありますが（『いのっちの手紙』中央公論新社、二〇二一年）、あまりにも彼が「我執」と無縁に思えたので、ご本人に尋ねたところ、上述の性格特徴がほぼ当てはまる、とのことでした。

坂口恭平氏は「完全無所有の生活が送れる」ことを楽しみにしていたり「もし家族を失

ったらそれまで」、あるいは「明日死ぬと言われても、本当に、何の後悔もない」などと記していて、それが本当に、強がりや韜晦《とうかい》に聞こえないのです。詳しくはくだんの往復書簡をお読みいただければと思います。

彼は自分の携帯番号を公開していて、「いのっちの電話」と称して自殺念慮を持つ人たちの相談に無料で応じています。多い日は一日一〇〇件以上もかかってくるという相談を十年以上も続けているそうですが、もし我執があったら、到底こんなことは無理でしょう。**我執がある人は他者の訴えに感情移入してしまいますし、死にたい人の訴えを聞き続けると、いわゆる共感性疲労で燃え尽きてしまう可能性が高いからです。**

私は坂口氏が、上座仏教の教えを独自に体現してしまっていると考えています。先にも述べた通り、彼は双極性障害の当事者で、何度も強い希死念慮に襲われてきたそうですが、そうした苦しみの中でも創作活動を続けてきました。彼の願いは「もっと柔らかく穏やかで、かといって籠《こも》らずに、みんなと仲良く触れて過ごしたい」というものだそうですが、これは「悟った人」の境地にかぎりなく近いのではないか。上座仏教的な意味で悟った人とは、つまるところ、「全てが空である」ことを完全に理解した上で、生きる過程そのものを楽しむことができる人を指すからです。

坂口氏の生き方は、思想と実践の一致という点からみても希有《けう》なものですね。少なくとも私には、とても真似ができませんし、そう感じる人も少なくないと思います。自傷的自己愛の対策として「我執を捨てる」というのは、やはり誰にでもできることではなさそうです。

ただ、ここで私が言いたいのは人間的限界の話であって、もし本当に我執が捨てられれば、メンタルヘルスの問題の大半は解決できることも真理だと考えています。ものすごく大雑把な言い方をすれば、我執を捨てない代わりに死後の救済への希望によって心の平安を希求するのがキリスト教、死後の世界や輪廻《りんね》転生を否定し、現世において我執を捨てるという究極の解を提示したのが上座仏教、という言い方もできるように思います。そういう意味では、決して多数派ではないにせよ、坂口氏の生き方や、上座仏教の教えがヒントになる人も間違いなくいるはずです。そんなふうに感じた人は、ぜひスマナサーラ氏の本や、坂口氏の本を読んでみてほしいと思います。坂口氏は生きづらさを感じている人向けに『自分の薬をつくる』（晶文社、二〇二〇年）や『よみぐすり』（東京書籍、二〇二二年）といった本を出していますので、お薦めしておきたいと思います。

「健康的な自己愛」とはどういうものか

さて、いよいよ「健康的な自己愛」について考えてみたいと思います。何が健康かという問題は案外難しい判断ですが、ごく普通に、人を幸福にするような自己愛のあり方、ということにしておきましょう。

先述したコフートの自己心理学によれば、人間の心理で最も重要なことは、その心を凝集的な形態に、つまりひとまとまりの「自己」に組織化することであり、自己と環境や関係との間に自己支持的な関係を確立すること、ということになります。ひきこもりの当事者にとっては、ここでいう「自己支持的」な対象関係が欠けてしまいがちであることが問題であることは先に述べた通りです。

コフートは精神分析による治癒を「成熟した成人のレベルでの自己と自己対象の共感的調和を確立すること」としています。つまりこれが修復され健康となった自己愛の姿ということになります。なるほど、治療目標という点からすれば、この記述は簡潔でわかりやすいものです。ただ、個人的には、こんな簡単でいいのだろうか、いささか抽象的すぎるのではないか、という疑問もあります。ここでは、もう少し「健康的な自己愛」のありようについて、具体的なイメージを膨らませてみたいと思います。

すでにおわかりかもしれませんが、**「健康的な自己愛」は、ほとんど「成熟した自己」と同義に近づいていきます**。自己愛は、いわば自己を機能させるエンジンのようなものですから、当然と言えば当然なのですが。しかし健康で成熟した自己のイメージまで話を広げると、フロイトに始まり脳科学的な自己に至るまで多くの理論があり枚挙に暇《いとま》がありません。よってここでは、自傷的自己愛との関連において、自己の望ましいあり方について検討しておきたいと思います。

先日亡くなった精神科医の中井《なかい》久夫《ひさお》氏は、健康な精神のあり方を「自分が世界の中心であると同時に世界の一部に過ぎない」という、一見矛盾した認識が両立している状態、としています。ここでもし「世界の中心」意識が膨れあがれば悪い意味での自己愛性パーソナリティになってしまいます。一方「世界の一部」という認識しか持てなければ、自己卑下によって、それこそ自傷的自己愛のような捻《ねじ》れを抱え込んでしまうでしょう。

この「世界の中心にして一部」という認識は、いろいろな意味で応用が利きます。

自己啓発本の古典に、『7つの習慣』（スティーブン・R・コヴィー）という本があります。この本で提言される第四の習慣「WIN - WIN」は、いまビジネス界では常套句《じょうとうく》になっている感もありますが、単に「双方に利益のある契約」みたいな意味ではありません。ここで言われていることは「アサーション」と呼ばれる考え方にきわめて近いものです。これは簡単に言えば、**「他者に配慮しつつ、自分の言いたいことはしっかりと言う」**という姿勢を意味しています。非常に成熟した態度とも言えますが、これに先ほどの話を結びつけるなら、自分が世界の一部でしかない、という思いばかりが強ければ、「言いたいことは言わずに他者に合わせる」という、ちょっと卑屈なスタイルになります。一方、自分が世界の中心という思いしかなければ、他人には配慮せずに自分の言いたいことだけ主張するという自己中心的な態度になるでしょう。どちらにも問題があることは一目瞭然《りょうぜん》です。

その意味で「アサーション」の考え方は、自己愛の健全さを図るひとつの目安になります。

自傷的自己愛を抱えた人は、自分の主張に価値があるとは思えないため、主張を控えがちになります。しかし、主張したいことがまるでないわけではない。だから主張を控えてしまうことは一種の失敗体験として記憶されてしまいます。その結果、ますます主張を控えることになるという悪循環ですね。

人の気持ちを考えずに言いたいことだけを言ってしまう、もしくは、人の気持ちを気にしすぎて自分のことを何も言えない。これはいずれも未成熟と形容できる状態です。いつでも成熟が未成熟よりまさるとは限りませんが、この点については、成熟している方が高い自由度を獲得できる、という意味で優位なのではないか、と思います。成熟した人間は、他者に配慮しつつ、自分の言いたいことは言う。一見簡単そうですが、この配慮と主張のバランスばかりは、経験と場数を踏んで学んでいくしかありません。この点では難しさもあります。

こうした矛盾した認識の成り立ちにおいては、二段階の人間関係の構築が必要となります。まず、「自分は世界の中心である」という認識については、主として適切な親子関係によって育《はぐく》まれるでしょう。親は自分が自分であるというだけで愛してくれるほとんど唯一の存在だからです。そこで育まれる健全な自己中心性が、まずは必要となります。その上で、友達や教師、部活の先輩後輩、あるいは世代の異なる人間との交流といった家族以外の人間関係が、「自分は世界の一部に過ぎない」という認識をもたらしてくれます。様々な人間関係を経験することによって、相手を尊重するコミュニケーションを取らないと自分の欲求を通すことができないと気がつくのです。

批評家の小林秀雄《こばやしひでお》は、「自信」についてこんなことを書いています。

「自信というものは、いわば雪の様に音もなく、幾時の間にか積った様なものでなければ駄目だ。そういう自信は、昔から言う様に、お臍《へそ》の辺りに出来る、頭には出来ない。頭は、いつも疑っている方がよい。難かしい事だが、そういうのが一番健康で望ましい状態なのである」(「道徳について」『小林秀雄全作品13　歴史と文学』新潮社、二〇〇三年)

もちろん自信と自己愛は同じではありませんが、これは私がイメージする「健康的な自己愛」に近い印象があります。ここで「お臍の辺りに出来る」のが健康な自己中心性、「疑う頭」は、自己を「世界の一部」として俯瞰《ふかん》する機能にあたるでしょう。

以前にも説明してきた通り、**親子関係の中でほどよい自己中心性を育めなかった人、家族以外の対人場面で尊厳を深く傷つけられてきた人、そうした人は自傷的自己愛を抱きがちです。**そうだとすれば、その修復はどうすればいいのでしょうか。親子関係は、必ずしも修復できるとは限りません。対人場面で傷を負いすぎた人は、これからもう一度、そうした関係を繰り返すことはためらわれるでしょう。

私は、さきほどの因果関係を逆転させてみるのが良いと考えています。つまり、**安心できる環境の中で、「アサーティブ」な対話を経験することです。**アサーティブな対話を成功させる経験を重ねることは、自傷的自己愛の修復の、少なくともとっかかりになるのではないか。私はそのように考えています。そのための対話の手法については、また後ほどくわしく触れるつもりです。

私自身の自己愛

ここで、私自身のことについて少しだけ触れておこうと思います。

私自身が健康な人間かと言われれば、胸を張ってそうだと断言する自信はありません。思春期以降、軽症ではありますが対人恐怖的な傾向は続いているし、思春期まではADHD的な傾向（多動性、衝動性）もあれば、いわゆる「アスペルガー症候群」的な特性もあったように思います。診断されたことはないので自称はしないでおきますが、自分自身がバランスの取れたパーソナリティを持っていないことは十分に承知しています。

ただ、**これまで幸いにも、精神的に大きな失調を来さずに来られたのは、ひとえにこの強靭《きょうじん》な「自己愛」ゆえだったように思います**。幸運にも自己愛が深く傷つけられるほど大きな挫折体験を経験してきませんでした。もちろん人並みに？失恋したり離婚したり等々はありましたが、何とか乗り越えられました。外見的には、おおむね順調に見えるかもしれませんが、主観的には決して「苦労知らず」だったわけではありません。

大学時代の私はいまで言う「コミュ障」でした。もし当時スクールカーストがあったら、間違いなく下位層グループだったでしょう。合コンやテニスサークル、スキーツアーで盛り上がるバブル期の大学生らしい生活はほとんど異次元の出来事でした。ぎりぎりで大きな挫折はかわしてきましたが、たんに運がよかったのと、出会いに恵まれただけかもしれません。コミュ障だけに「普通」を装うのに苦労した時期もありましたが、大学院や職場の人間関係がそういう人間にも許容的だったおかげで、なんとかサバイバルできました。

私が専門とするひきこもりの青年たちを見ていて、どうしても他人事《ひとごと》と思えないのは、一歩間違えれば自分も同じ境遇だったに違いない、と痛感するからです。私の書いたひきこもり関連本がそれなりに評価されているとすれば、それはこうした「当事者への（過剰な）思い入れ」ゆえだろう、と勝手に考えています。

ただ、私とひきこもりの人たちとでは、おそらく決定的に違う点が一つだけあります。若い頃から私は、並外れて自己愛が強かったのです。もちろん、自己中心的という意味ではありません。人並みに対他的配慮もしますが、「それが自分自身の利益になるから」ということが基本にあるので、「自然な気遣い」は苦手です。対人恐怖的な傾向にしても、それが強い自己愛に起因していることは、かねて精神分析が看破している通りです。

八〇年代に人気のあったアメリカのコメディ番組「ファミリータイズ」には、マイケル・J・フォックスの演ずる自己愛の強い青年が登場します。彼のセリフでいまだに覚えているのが、こんな会話です。付き合いはじめたばかりの恋人から電話がかかってきます。恋人「いま何しているの？　私はあなたのことを考えてた」。フォックス「そりゃ偶然だね！　**僕もいま、僕のことを考えていたんだ**」。これがギャグに思えないほど、私も自分のことで頭がいっぱいだったのです。

さて、それならば私は常に自信と自己肯定感に満ちあふれているかといえば、まったくそんなことはありません。先述した通り、物を書くに際しても、大学での講義でも、学会で発表する場合にしても、いつもまったく自信を持てません。**失敗の恐怖にほとんど圧倒されてしまう場合もあります。それでも何とかやってこられたのは、まさに「強い自己愛」ゆえだと思います。**この自己愛を維持するために、不安を押し殺して、リスク覚悟でジャンプするわけです。大げさに聞こえるかもしれませんが、それが正直なところです。

こう言うと「不安をこらえてジャンプするなんて自分には無理」と言われてしまうかもしれません。確かに私が言っていることは、見通しが持てなくても前に進め、みたいな話ですから、そうした批判も理解できます。ヤンキー系の自己啓発書には決まって、「まず動け」「動いてから考えろ」みたいな激励だか煽動《せんどう》だかわからないことが書いてありますが、そう簡単なことではありません。この方針には一定の有効性はあると思いますが、自傷的自己愛ゆえに身動きが取れなくなっている人には、いささか酷な方針に思われるでしょう。

もちろん「見通しが持てないから行動しない」という考え方そのものは合理的な判断です。決しておかしな理屈とは思いません。哲学的に考えるなら、そもそも多くの人々が、確たる見通しもなしに行動したり交流したりしているという現実のほうが奇妙なのです。あなたは就職するとき、就職先の内情をすべて把握してから就職したのでしょうか。結婚するとき、相手の性格や行動パターンを知り尽くした上で結婚したのでしょうか。そんなはずはありませんね。私の考えでは、就職にしても結婚にしても、多かれ少なかれ勢いまかせの「賭《か》け」でしかありません。慎重に合理的に検討しだしたら、少なくとも結婚を選択する人はさらに減ることでしょう。近年の非婚化傾向は、こうした合理性の導入によるところが大きいのではないか、と私は密《ひそ》かに疑っています。

閑話休題、ここで私が言いたいのは、**ある種の非合理性や、あえて言えば「鈍感さ」もまた、健康の条件かもしれない**、ということです。

「健康生成学」を創始した医療社会学者、アーロン・アントノフスキーが重視した概念に「Sense of Coherence（首尾一貫感覚、以下ＳＯＣ）」というものがあります。ＳＯＣとは、定義によれば「自分の内的そして外的な環境は予測可能なのであり、しかも物事は無理のないように見込まれるし、うまくいく高い見込みがあるというような自信、特に、浸透的かつ持続的で、動的でもあるような自信の程度を表現する包括的な方向性」とされています。これではちょっと、わかりにくいですね。

かみ砕いていえば、「どんな場面でも『まあなんとかなるだろう』という安定した自信をもって、前向きに状況に取り組んでいける基本姿勢ないし性格傾向」ということになります。この姿勢はさらに、「把握可能感（わかる）」「処理可能感（できる）」「有意味感（やりがい）」の三つの要素に分解できるとされています。先に述べた通り、コフートは自己の構成要素として「野心」「理想」「スキル」を考えていましたが、これはSOCの三要素と、ほぼ同じ領域をカバーしていると考えられます。つまり、人間の「世界」に対する構えですね。ぴったりではありませんが、「野心」は「把握可能感」に、「理想」は「有意味感」に、「スキル」は「処理可能感」に重なるでしょう。これに加えてアントノフスキーは、コフートが自己愛について述べたように、SOCも生涯を通じて発達すると考えていました。

お気づきかもしれませんが、実はさきほどの三要素の判断には、確たる根拠はありません。困難な状況を前にしても、**漠然と「まあなんとかなるさ」と楽観できる能力、みたいなものですから、悪く言えば一種の鈍感力です。**ＳＯＣ概念の功績の一つは、精神的な健康のためには鈍感力が欠かせない、ということをあきらかにしたことだと私は考えています。

ちなみに自傷的自己愛者について言えば、彼らは主として「愛」と「承認」の領域において、先の三要素が弱いように思います。どういうことでしょうか。さきほどの三要素を愛と承認に関連付けるなら、以下のようになります。**「自分が愛される可能性が信じられる」「自分には愛を獲得するスキルがある」「愛されることに意味と歓《よろこ》びを感じられる」**。ここで大切なことは、ここに述べたいずれも根拠がない、ということです。愛される「可能性」「スキル」「歓び」のいずれもが、さしたる根拠もない思い込みに過ぎません。ですから、これが暴走すると恋愛妄想（あの人が私に強い恋愛感情を抱いている）になってしまいます。しかし反面、この三要素が完全に欠けていたら、愛されることも難しくなるでしょう。

漫画やアニメでは、まったく自信のない陰キャの主人公（主に男子）が、どういうわけか複数の異性にモテまくるというストーリーは一定の人気があります（『モテキ』『僕の心のヤバイやつ』『ダンダダン』など)。現実には起こりにくいと思われるこうしたストーリーに感情移入している人の中には自傷的自己愛者も少なくないと思われますが、そうだとすればやはり彼ら彼女らは、**愛に絶望しつつも愛を断念し切れていないのではないでしょうか。それは、自分を否定しつつ自己愛を捨てきれないこととパラレルなのかもしれません。**

自分自身でありたい

話を私に戻すと、私自身の鈍感力はけっこう高いと思います。もちろん誰からも愛されるなどという誇大な自信はありませんが、世の中はけっこう広いので、私に関心を持つ人が一定数いてもおかしくはないと思いますし、私が好感を持つ相手からは好感を持たれる確率が高いのではないかとも考えています。いずれも確たる根拠はない思い込みですが、漠然とそう考えています。

ちなみに漫画と言えば、私が好きな作品に荒木飛呂彦《あらきひろひこ》氏『ジョジョの奇妙な冒険』がありますが、その第四部に岸辺露伴《きしべろはん》というキャラクターが登場します。彼は天才的な漫画家で、静かな環境で創作に打ち込むことを無上の喜びとする本物のナルシシストです。あるとき彼は、敵に襲われて瀕死《ひんし》となります。敵は命を助けてやるから仗助《じょうすけ》（主人公）をハメろとそそのかします。岸辺は「本当に助けてくれるのか？」といったんは誘惑に乗ったふりをしつつ、次の瞬間、傲然と言い放ちます。「だが断る」と。「この岸辺露伴が最も好きな事のひとつは、自分で強いと思っているやつに『Ｎｏ』と断ってやる事」というのがその理由です。

私の考えでは、これが究極の自己愛です。死ぬほど自分が好きだから言える、命をかけたナルシシズムです。敵の誘いに乗ってしまったら仗助に迷惑がかかる、からではなく、そのような美しくない行為に手を染めたら、自分が自分でいられなくなる。だから彼は「だが断る」と言い放つのです。

私は自己愛を「自分大好き」とは言い換えません。岸辺露伴のように「**自分自身でありたい**」**欲望こそが自己愛です**。「自分自身でありたい」という欲望の中には、「**自分が好き**」も「**自分が嫌い**」も「**自分がわからない**」も、**すべて含まれています**。逆に過剰な自己肯定感は、時に「自分自身」から乖離《かいり》してしまうおそれがあるのではないでしょうか。

このように断定的に言えるのは、私自身が常に「自分自身でありたい」という強い欲望を持っているからです。それはしばしば「好奇心」の形を取ります。過酷な経験をしている最中も、私は必ずしも「自分が大事だからしんどいことは避けたい」とは思いません。どこかから自分を俯瞰しながら、「この一風変わった人間が、このシビアな状況に置かれたら、どんな反応を示すだろうか」と興味津々なのです。

精神分析家のストロロウR．D．（StolorowR.D.）によれば、自己愛とは「自己表象の構造を維持する機能」と定義されます（一九七五年）。統合された自己イメージが安定性を保っており、肯定的な感情に包まれているような状態を維持できている状態を、健康なナルシシズムとみなすわけです。ここでいう自己表象は、自己の身体と深く結びついているように思います。誤解なきように付け加えておきますが、これは自分の顔や身体が美しいとかみごとであるという意味ではなくて、**人間の同一性はつきつめれば身体が担保している、**という意味です。先述した解離性同一性障害の交代人格の例で言えば、多重人格というのは、複数の交代人格が一つの身体を共有しているような状態です。これはキャラも一緒ですね。同じ身体を持つ個人が、場面毎に違うキャラになったりするわけですから。

となると、**自己愛すなわち「自分自身でありたい」という欲望は、キャラと身体が一致している場合に最も安定する、**と言えるかもしれません。これも健康な自己愛の条件と言えるのではないでしょうか。

以上見てきたように、私が「自己肯定感」よりも「自己愛」の言葉にこだわるのは、それがずっと多義的で豊かな言葉である、ということもあります。

小林秀雄が看破したように、それは時間をかけてゆっくりと臍の辺りにたまってくるものであり、同時に頭脳はそれを批判的に見ている。そう、単純な肯定だけではないのです。すでに述べた通り、「自分らしさ」という言葉自体が多義的です。「自分らしさ」が基準となるならば、自己を批判的に見つめる視点も欠かせません。肯定の感情を積み上げながら、批判的に自己モニターを続けること。ここでモニターが強力すぎると、自傷的自己愛に傾くことは想像できますよね。ただし、自分が自分であるためには、この二つの要素だけでは足りません。**成熟した自己愛を構成する要素には、すでに述べてきたように、自己肯定感のみならず、自己批判、自己嫌悪、プライド、自己処罰といったさまざまな要素が含まれます。その意味で自己愛とは、自己を自己たらしめるためのポリフォニックな力動です。**ここでいうポリフォニーとは、ロシアの思想家バフチンの言う意味でのポリフォニーであり、異質なものの調和に依らない共存を意味しています。だとすれば自己愛とは、「自分自身であり続けたい」というポリフォニックな欲望のプロセスのことを指す、とも言えそうです。

ただ、**もっとも高度に達成された自己愛は透明化する、と考え方もあります。**経済的にも養育的にも恵まれた環境で育った人の中には、そういう人がいると聞いたことがありますし、少数ながら私の知り合いにもそういう人は存在します。自己愛の最も健全で望ましい形は、それが空気のように透明化することかもしれません。もはやいちいち「自分が好き」とすら思わないほど、安定した自意識の基盤になってしまうわけです。

この境地に至ってしまえば、自己肯定も自己嫌悪も分離できないようなポリフォニーが実現しているのかもしれません。このレベルになると、その人はむしろ謙虚で博愛的にすら見えると思います。ですから見かけ上は、前に述べた「我執がない人」に似て見えるかもしれません。「大欲は無欲に似たり」という境地ですね。

それに比べれば、常に「自分大好き」の人は、いくぶん不安定なように思います。常に内省的に自己愛を確認している人は、わずかな傷付きにも動揺しやすい。その意味で「自分が好き」であることが誰の目にもわかりやすい人は、その自己愛もあんがい盤石ではないのかもしれません。

自分の尊厳は自分で守る

先ほど私は、自傷的自己愛の「病理」は、ありうるとしてもそれほど深刻ではないと述べました。見かけ上は深刻な悩みにも見えますが、その根底には健康な自己愛があること。これは本書における一貫した主張でもあります。ならば、自傷的自己愛の自傷性を、どのように緩和できるでしょうか。その可能性はあるのでしょうか。

私は「ある」と思っています。本章では、それについて述べていきたいと思っています。ただ、繰り返しになりますが、それは先ほども述べたような「こうすれば自己肯定感が上がる」といった話ではありません。そちらについては、それこそ書籍も動画もウェブ情報もあふれていますので、ここでわざわざ述べるまでもないでしょう。そっち方面にはセリグマンなどが確立した「ポジティブ心理学」という分野があり、それなりにエビデンスも確立しているので、参考にしてみるのもいいと思います。ただ一点、注意してほしいのは、これも先述しましたが、自己肯定感を簡便に上げる手法の効果は、かなり限定的だということです。それを踏まえて試してみることまでは否定しませんが、解決を期待してうまくいかないと逆効果ということもありえますので、過剰な期待は禁物です。

以下、私がひきこもりの方々を支援する経験から導いてきた、「自己肯定感を高める方法」ならぬ、「自傷的自己愛を緩和する方法」について述べていきたいと思います。

とりあえず、一番基本的なこととして、なぜ自分自身をそこまで否定するのか、ということを再検討してみてほしいと思います。**私が述べてきたような「高いプライドと低い自信」という特性が当てはまると思われるのなら、その自己否定はほぼ確実に自己愛に由来するものです。**何度も念を押しておきますが、ここでいう「自己愛」とは、「自分大好き」ではなく「自分自身でありたい」という感情のことです。この自己愛ゆえに今の自分のあり方を受け容《い》れられず、自分自身を否定する。しかし、そこで本当に否定されているのは「ダメなキャラとしての自分」であって、あなたそのものではない。あなたは、あなた自身にも測りかねるような深みと奥行きを持った存在なのですが、そこを無視して表面的な「ダメな自分」というキャラを想定し、それを攻撃しているわけです。

本来、一人の人間の属性には、無数の長所も短所も含まれているはずで、それを一気にイメージすることはできません。「こんな自分には価値がない」と断定しているときの「こんな自分」は、あなた自身の属性のほんの一部でしかないのに、それを強引に自分自身と思い込み攻撃することで、あなたはプライドと、そして自己愛を保とうとしているわけです。

もちろん、こういうのは全部「理屈」です。この理屈は理屈としては正しいと私は考えていますが、正しい理屈で説得できる人、納得がゆく人はごくごく限られていることも承知しています。こうした指摘によって、ハッと気付いて気持ちが切り替わる人がいてくれれば、それはとても嬉《うれ》しいことです。しかし残念ながら、「理屈はもっともだけど、でも自分が嫌いなことにはなんら変わりない……」と感じている人が多いであろうことも予想できます。**「自分が好きになれない」「自分が嫌い」という感情は、長年つちかってきた習慣みたいなものなので、理屈で簡単に変えられるものではないでしょう。**それは当然のことです。

「自傷性」のやわらげ方

さて、ここまでは前提です。ここからは自傷的自己愛の「自傷性」をやわらげる方法について考えていきます。もう一度、念を押しておきますが、これは「自己肯定感を上げる方法」ではありません。ですから、試してみてもすぐに幸福感が高まったりはしないと思います。また、周囲の人の協力も必要なことが多いので、誰でも今日から簡単に実行できる、というわけではありません。大まかな行動指針、今後向かってほしい方向性、みたいな、たいへん地味な話です。

一、環境調整

私が知る限り、自傷的自己愛の最大の原因は、さまざまな場面における尊厳の傷つきです。それが家族によるものだったり、教室や職場での傷つきだったりと場面はさまざまですが、自分の価値を繰り返し、長期にわたって否定され続ける経験が、自傷性を高めていきます。ということは、まずなすべきこととして、「**尊厳を傷つけられない環境に身を置く**」**ことが重要**になってきます。

もしあなたが、今もそうした環境下にあるとしたら、なによりもまずそこから抜け出す必要があります。たとえば自宅にひきこもっている場合は、主にご家族からの非難や否定的な言動が、慢性的にあなたを傷つけている可能性があるからです。それをただちにやめてほしいと伝えても、そう簡単にはなくならないでしょう。ただ、だからといって、単に家から出て一人暮らしというのもお勧めはできません。ひきこもり状態からの単身生活で、ますます孤立してしまうケースが多いからです。ついでに言えば、自傷的自己愛傾向の強い人の単身生活はかなりリスクが高いと思います。孤立状況で自己否定的なことばかり考え続けた結果、身動きがとれなくなってしまうことがあるからです。

家族から離れるのは最終手段としておいて、とりあえずどうすればいいか。それが「対話」です。これについては後ほど詳しく述べます。

学校や職場の対人関係で傷ついている場合はどうでしょうか。学校で言えば、生徒間のいじめや教師によるハラスメント、あるいはスクールカーストなどが考えられます。高校までなら、**まずは信頼できる大人に相談しましょう**。担任、スクールカウンセラー、養護教諭、そして家族などが考えられますね。最近では学校側もこうした問題を軽々しく扱ってはいけないという雰囲気になってきていますから、なんらかの手は打ってくれると思います。

まともな対応をしてくれない場合はどうでしょうか。あなたがされたことや経験したこと、学校側の対応も含め、**録音や日記の形で、しっかりと記録に残しておきましょう**。それを持って教育委員会や弁護士さんなどに訴えるという方法もあります。大学や職場であれば、ハラスメント相談窓口があるはずなので、活用してみましょう。

本書はいじめやハラスメント対策が主題ではないので、詳しくはその関連書籍を参照していただきたいのですが、**重要なことは、子どもだろうと大人だろうと、尊厳を傷つけられ続ける経験が、しばしば生涯にわたる悪影響をもたらす事実です。**うつ病、不安障害、自殺などのリスクが高まることが知られています。自傷的自己愛は、そうした悪影響の中ではもっとも軽微なものと言えるほどです。

大騒ぎにしたくない、自分さえ我慢すれば済むという気持ちは理解できます。しかし、「自分の尊厳が傷つけられる」事態に慣れてしまってはいけません。この考えが習慣化することで、「自分のことはいくら傷つけても構わない」という自傷的自己愛が強化されて、習慣化されてしまいます。**現代の日本社会においては、人権や自由に比べ、「個人の尊厳」がかなり軽視されていると私は考えています。**セクハラ、パワハラ、モラハラ、カスハラといったハラスメントがようやく問題視されるようになってきましたが、逆に言えば、これらは以前は「被害者泣き寝入り」が原則だったのです。

学校現場で言えば、無意味に個人の容姿を規制する校則だとか、ハラスメント同然の指導などが横行している現状が典型ですね。だからこそ「**自分の尊厳は自分で守る」ことを強く提唱したいのです。**大人も子どもも関係ありません。もしあなたの尊厳が継続的に軽視されている可能性があるのなら、その状況を直視しましょう。相手が誰であれ、尊厳回復のために戦いましょう。もしも戦うことが困難ならば、とことん逃げましょう。あなたの尊厳は、あなた自身で守らなければなりません。

なぜそこまで強い言い方をするのか。それは今の日本の社会において「自分の尊厳を守ること」の価値が軽視されすぎていると考えられるからです。よく**「若い頃の苦労は買ってでもせよ」などと言いますが、私はこの言葉の背景に、師弟関係や職場などでのパワハラ、モラハラをはじめとする屈辱に耐え忍ぶことで強靭な精神力や野心がつちかわれるという「幻想」がある気がしてなりません。**

この「人は屈辱を耐え忍んで成長する」という発想はきわめて有害なものです。にもかかわらずこの発想は家庭教育から部活のしごき、大学での研究指導から職場の新人教育に至るまで、さまざまな場所で今なおゾンビのように生きている。これは、そうした過程をくぐり抜けて成功したごく一部の人々が、一種の生存バイアスとして「屈辱に耐えて強くなる」というお題目を声高に唱え続けているからです。幸い、最近の才能ある若い人たちは、屈辱抜きでのびのびと成長した人が多いという印象がありますから、そうした発想が退場を迫られるのは時間の問題でしょう。しかし、いま屈辱に耐えている人たちにはもう一度言いたい。あなたの尊厳はあなた自身が守るべきだ、と。他者の尊厳を侵さない限り、どんな手段を使ってでもそうすべきなのです。

二、対人関係

すでに述べてきた通り、勉強や仕事などの成果を挙げることで、つまり自分の価値を高めることで逆転を狙おうというやり方は、あまり効率がよくありません。そもそも成功率が低いうえに、成功した場合でも、自傷性が緩和されるとは限らないからです。

それよりも容易で確実性の高い方法が、**家族以外に「親密な対人関係」を持つことです**。ひきこもりに限らず、親密で安定した人間関係を持つことは、承認のリソースという意味からも重要です。もちろん、それだけで自傷性が解消されるわけではないのですが、**孤立した状況で自傷性をこじらせていくような悪循環からは逃れられます**。二人以上の仲間と対話し行動することは、自傷性をいくぶんなりとも緩和してくれるでしょう。

それはわかっているけれど、それが一番難しい、と思われるかもしれません。ならば、**せめて今ある人間関係は大切にしていただきたいと思います。**自傷性が強い人の中には、「無価値な自分とつきあってもらうに忍びない」といった理由から、知人や友人と疎遠になったり、自分から連絡を断ってしまう人が少なくない。しかしそれは、自分の尊厳を貶《おとし》めているという意味で、セルフ・ハラスメントの一種です。**今ある対人関係を大切にしつつ、新たな対人関係の獲得についても考えてみてほしいと思います。**

三、損得勘定

自傷的自己愛者は、しばしば自分が損をするような行動をあえてとります。ひきこもりがその最たるものですが、誰もが嫌がる役割を進んで引き受けたり、言いたいことを我慢して言葉を呑《の》み込んだり、援助が必要な場面でも助けを求めなかったりします。

彼らの多くは自責感が強いため、そうした行動に陥りがちですが、そういうとき私はあえて、損得で考えることを勧めています。どう動けば自分の得になるかという考え方。いつも損得だけでは嫌がられるかもしれませんが、それが心配なら頭の中でシミュレーションしても構いません。自分が得をするように立ち回ることは、必ずしも嫌がられません。基本的には話し合いというものは、誰もが自分の得を考えているので、どこで折り合いをつけるかということがテーマになります。あなたが損得で動くことは、話し合いをスムーズに進める上でも重要なことなのです。

その意味では、**何か問題が起きたときに「健全な被害者意識」を持つことも重要です。自傷的自己愛者は、事態が悪化すると「自分のせいかもしれない」と考えがちですが、その前に自分が被害者である可能性を考えてみてほしいのです。**そして、自分は被害者だけれども、この問題の責任は誰がどのように取るべきなのか、ということを、客観的に考えてみてほしいのです。こうしたまっとうな被害者意識は、自己愛のバランスを回復する上でも役に立つと思います。

四、「好きなこと」をする

すべての自傷的自己愛者にお勧めしたいのは、**健康を害しない範囲で「好きなことをする」ことです。自傷的自己愛者は責任感も強いので、いつも「やりたいこと」より「やるべきこと」を優先しがちですが、これは逆です。**常に「やりたいこと」を優先すべきです。

「趣味を見つけよう」といった大きな話ではありません。日々、「やりたいこと」を探すことは、自傷性の緩和にも役立ちます。なにかに熱中して「ゾーン」に入れば、その経験自体が幸福度を上げてくれるとは、ポジティブ心理学の教えでもあります。

どうしても「やりたいこと」が見つからない場合は、**「すごく嫌ではないこと」をしてみるのもいいと思います。**散歩でも家事でもペットと遊ぶことでも構いません。観念は堂々巡りに陥りがちですが、行為には堂々巡りはありません。どんな行為でも、丁寧にやれば発見につながりますし、発展性があります。**さまざまな行動を通じて、自分の知らなかった自分を知ることも、自傷性を緩和してくれると思います。**

五、身体のケア

身体のケアがきっかけとなって回復に近づく人もいます。

自傷性が強い人は、自分の健康について関心がなかったり、セルフ・ネグレクトと言いたくなるほど食事や清潔さに配慮しない人もいます。あるいは健康を害する行為（過度の飲酒、喫煙、薬物など）を避けない傾向があったりもします。こうした傾向は、典型的にはさまざまな依存症でみられるものですが、幸い、自傷的自己愛傾向を持つ人がその傾向ゆえに依存症に移行することはそれほど多くないように思います。ひきこもりから依存症に移行する人がそれほど多くはないという臨床的事実からも、この点は間違いないように思います。これは、ひきこもっている人が、希死念慮を口にする頻度に比して自殺の遂行率がそれほど高くないことと同じで、自己愛の機能が健全であるがゆえに踏みとどまれているのだと思います。

健康に配慮してセルフケアをすることは、自己愛を安定させる近道です。歯科に通院して歯石を除去してもらったり、眼鏡を新調して視力を矯正したりするのもいいでしょうし、マッサージに通って体調を整えることも有意義だと思います。運動習慣もお勧めですね。私自身は五十歳を過ぎてからランニングをはじめ、一時期はフルマラソンに参加していたこともあります。うつ病に対する運動療法の有効性にはエビデンスがありますが、試してみてほしいことの一つです。**適切なトレーニングをすれば、どんな人でも身体機能が向上しますが、なによりもこの事実が自己愛の安定につながるようです。**

セルフケアには、自分の容姿を向上させることも含まれます。女性の化粧はしばしば「武装」にたとえられますね。私には未知の世界ですが、化粧や美容への配慮が自我の機能を強化してくれることは想像できます。男性は化粧とはあまり縁がないかもしれませんが、服装や髪型、あるいは靴や時計といった小物に至るまで、自分らしさを追求することは、同様の効果が期待できると思います。その意味で、**美容や服飾を追求することもまた、セルフケアの延長線上にあると言って良いでしょう。**

対話による修復、オープンダイアローグ

ここまでは割と一般論的に、自己愛の捻れを弱め、安定化するための工夫を簡単に述べてきました。なによりもまず、自分を傷つける環境を変えること、自分の身体に配慮してセルフケアを行うこと、などですね。いずれも短期的な効果はさほど期待できませんが、習慣化することによって、長期的にはじわじわと効いてくると思います。

これから述べることも、単発で高い効果があるというものではありませんが、長期的に習慣化することで効果を上げる可能性が見込まれることです。

もったいぶらずに言えば、それは「対話」です。

なーんだ、と拍子抜けしたでしょうか。ここでいう対話は、「会話」や「話し合い」と

は異なる、少し特殊な対話を指しています。私が現在、普及啓発活動に努めている「オープンダイアローグ」という、精神疾患に対する統合的アプローチがあります。これは文字通り「開かれた対話」を意味するのですが、私が「対話」と呼んでいるのは、この手法にヒントを得たやり方のことを意味しています。

オープンダイアローグは、一九八〇年代にフィンランドのとある精神科病院で開発された、もともとは統合失調症のケアの手法です。また同時に、サービス供給システムやケアの思想の名前でもあります。家族療法をベースとして、治療チームで患者の話に耳を傾けることで、統合失調症が回復に向かうことがあきらかになり、トルニオ市という自治体ぐるみで、サービス供給システムを作り上げたのです。やっていることは至極シンプルで、患者、家族、患者の知人などと、医師、看護師、心理士をはじめとする医療チームが一堂に会し、輪になって対話するというものです。

それまで薬物や入院しか治療法がないとされていた統合失調症が、対話だけで回復に向かうという事実は、あまりに衝撃的だったために、日本の臨床現場ではまだ十分に受け容れられていません。中にはカルト扱いする人もいるほどですが、手法としては非常にシンプルで透明性が高いため、これがなぜカルトに見えるのか理解に苦しむほどです。私たちはすでに治験的な形で実践をはじめていて、統合失調症に限らずさまざまな疾患に対して成果を挙げています。エビデンスの確立はまだ先ですが、私自身は自分の臨床経験から、自信を持ってこのやり方を紹介しています。

もちろん医療機関が提供する専門的なサービスではあるので、治療サービスとして提供するには、治療者もしっかりとしたトレーニングを受ける必要があります。ただ、この実践に含まれているさまざまなヒントは、日常生活でも応用できるところが多いため、かいつまんで紹介しておこうと考えました。

オープンダイアローグ自体が、まだ日本に紹介されて間もないため、十分に実践経験やエビデンスが蓄積されているわけではありません。ただ、私たちが実践してきた経験や、ほかの専門家の経験知の集積から、その本質が少しずつ見えてきつつあります。**オープンダイアローグの手法的、あるいは思想的側面は、間違いなく自傷的自己愛の修復においても役に立つでしょう。**この章ではこの点について、簡単に紹介しておきたいと思います。

対話を実践してみる

まず大切なことはオープンダイアローグ（以下ＯＤ、ないし「対話実践」）の「思想」

です。ＯＤでは参加者全員の「尊厳」が徹底して尊重されます。これは単に「批判しない」とか「傷つくことを言わない」という話ではありません。**対話場面にヒエラルキー、つまり上下関係が持ち込まれない**、というルールがあります。また、**本人のいない所でその人の話をしない**、というルールもあります。**専門家が参加していても、専門家としてふるまってはいけない**、というルールもあります。**真の意味で専門家と患者とが対等に対話をするので、患者は専門家の顔色をうかがったり忖度《そんたく》をしたりする必要がありません。**上下関係がない状況や、陰で自分の話をされないという安心感は、驚くほど人を解放してくれます。

私は家庭内でも学校でも職場でも、ぜひこのやり方で対話実践をしてみてほしいと考えています。特に、家庭内で尊厳の傷付きが起きてしまっている場合、こうした対話を試みることは、確実に関係修復に役立つはずです。以下、どんなふうにするか、進め方を述べてみましょう。

まず、ファシリテーターを二名決めます。会議で言えば司会者ですが、ファシリは場を仕切ったり結論を誘導したりすることはありません。ファシリの役割は、対話ができるだけ続いていくように、質問をしたり感想を述べたり話題を提供したりすることです。

その場のルールを共有します。この場には上下関係はないこと。全員の立場が平等に尊重されること。参加者のことは役割（先生、お父さん、など）でなく名前（○○さん）で**呼ぶこと**。**誰がどんな発言をしても構わないこと**。ただし一定の礼節は守ること。できればファシリに向かって話し、**他の人が発言中は遮らずに最後まで聞くこと**。**議論、説得、尋問、アドバイスは禁物であること**。できるだけ多様な意見が出ることが望ましく、**あっさり一つの意見にまとまっていかないことが大切であること**。

注意してほしいのは、**対話は一対一ではしない**、ということです。必ず、複数対複数でします。じゃあ三人家族とかでは無理ではないか、と思うかもしれませんが、大丈夫です。最低三人いれば、対話は成立します。これについては後ほど説明します。

それともう一つ、大切な原則があります。それは「不確実性の耐性」ということです。何やらややこしそうですが、簡単に言ってしまえば**「予測も準備も下調べもなし、手ぶらで対話に飛び込むこと」**ということです。これも、後でもう一度説明します。

対話を始める前に、全員が自己紹介をしあいます。その際「私は○○（ファーストネーム）です。○○さん、と呼んでください」などと、希望する呼び方をリクエストすることが多いです。自己紹介が終わったら、ファシリテーターが全体に投げかけます。「さて、今日はこの時間をどんな風に使いましょうか？」などということが多いですね。単に「何か話したいことがある人はいますか」「どんな話題からはじめましょうか」などでも構いません。要は、ハイ・イイエでは答えられないようなオープン・クエスチョンからはじめる、ということです。

目的もなく対話ができるのか、という疑問があるかもしれませんが、実はちゃんと目的があります。**対話の目的は「対話を続けること」**です。どんな話題でもできるだけ深く掘り下げ、広く展開し、終わってしまわないように気をつけながら対話を続けること。だから、何らかの結論を出したり、ある問題について合意を目指したり、というゴール設定はしません。結論や合意は、対話がそこで終わってしまうため好ましくないとすら言えます。

それでは、対話が続いていくための工夫とはどんなものでしょうか。簡単に言えば、**「正しさを競わない」「客観性を追求しない」**ということです。対話でなされているのは基本的に「主観と主観の交換」です。**対話の相手がどんな主観的世界に住んでいるのか、それを本人に詳しく教えてもらう**わけです。その世界観がどんなにおかしなもので、間違っているように思えたとしても、いったんは受け容れます。反論や説得、批判や議論はタブーです。なぜならそれは「正しさの追求」であって、それをはじめると対話が終わってしまうからです。

理解困難な主観であっても、それをさらに掘り下げてみましょう。「その考えについて、もう少し教えてもらえますか？」「ちょっとこの辺りがよく飲み込めなかったんだけど、詳しく説明してもらえますか？」などのように。私たちは、「教えてほしい」という表現を意識してよく使います。なにしろ相手の主観世界については、本人が一番の専門家なのですから、聞き手はそれを教えてもらうという姿勢（「無知の姿勢」といいます）をとるのが望ましいのです。

ODのすごいところは、専門家がその主観を聞いて「それは〜という症状かもしれませんね」といった発言をすることすら認めていないところです。理由はまず「専門家の判断」という時点で「上から目線」であり、対等の原則に反すること。また、個人の主観を専門性の型にはめることそのものが、その個人の尊厳を侵してしまう可能性があること。ODにおいては専門性が不要、というわけではないのですが、対話実践でよく言われるのは「専門性は脱ぎ捨てるためにある」という言葉です。

話を戻すと、たとえば自傷的自己愛の傾向を持つ人が「自分は生きている価値のない人間だから、早く死にたい、いっそ誰かに殺してほしい」と訴えたとしても、「価値がないなんて、そんなことはない」「殺してほしいなどと言ってはいけない」といった説得は禁物です。ただ、**あくまでも主観として「私はあなたのこういうところは素晴らしいと感じている」「あなたが死にたい気持ちでいると聞くのはとても辛い気持ちになる」といったことを言うのは構いません。**「私は〜と思う」というのは、いわゆるアイ・メッセージですが、これも安易に使うと説得調になってしまいますから、この点は注意しましょう。

一通り話を聞き終わり、あるいは話の流れが滞りそうになったら、ファシリテーターが「リフレクティング」を行います。これは家族療法の技法の一つなのですが、これもごく簡単に、比喩《ひゆ》的に言えば「本人の見ているところで、本人の噂話をする」ような状況です。つまり、二人のファシリが、**今までの話を聞いた感想を、本人の目の前で語りあう**のです。

さきほどの自傷的自己愛傾向のある人の訴えを聞いた後であれば、こんなやりとりが考えられます。

「(ファシリから他の参加者に) これから私たち二人だけで話したいと思います。あとで感想をうかがいますが、しばらくはそのまま、私たちの話を聞いていていただけますか? (ファシリ同士で向き合い、話し始める。これ以降、他の参加者の方は見ない) さて、お話をうかがっていて、どんな感想を持ちました?」

「ご本人の訴えを聞いていて、ご自分のことをそんなふうに感じていたら、さぞ苦しいだろうなあと感じていました。私も胸が苦しい感じがしました」

「そうですね。ご自身のことを責める言葉が辛くて、ちょっと息詰まる感じでした。でも、ご両親についての言葉がすごく思いやりにあふれていたので、ちょっとご自分にだけ厳しすぎないかな、という感想を持ってしまいました」

「実は私も、仕事が上手くいかないときとか、自分を責めたい気持ちになることはあるんです。幸い、そういうときばかりではないのでなんとかなっていますが。ただ、ご本人の場合は、そういう気持ちが常態化しているようなところが気になりました」

「そうですね、ずっと自分を責め続けているような感じで。もちろん長所もたくさんおありなわけですが、そういうところが眼中にないのが残念な気がしました」

「どうでしょう、私には長所のことはしっかり理解しているが、短所の方が圧倒的なので、それについては触れたくないのかなと思いました」

「なるほど。あと気になったのは、ご自分の短所について、ずっと一人だけで考えておられるんじゃないかな、というところです」

「あ、それはありましたね。私もときどき、一人で考えすぎて堂々巡りになったりしていることがあります。誰か仲間や友人などに思い切って訴えてみるのもいいんじゃないでしょうか」

「専門家、カウンセラーなどに相談するという手もありそうですね。……じゃあこのあたりで、ご本人の感想やコメントを訊《き》いてみましょうか（本人の方に向き直る）」

こういうやりとりを本人の目の前で、本人抜きでする意味は何でしょうか。

一対一の場合と違って、噂話なので聞き流してもいいし、気になったアイディアについて感想をフィードバックしてもいいわけです。**リフレクティングを用いると、そこで話された評価やアイディアについて、ご本人が受けとめやすくなっていることを痛感します。**アドバイス的な押しつけがましさが少ないので、アイディアも、かなり自由に選べます。

茶番に見えても効果

ところで、先ほど私は、対話実践は三人でもできると述べました。具体的には、クライアント一人と、ファシリテーター二名という設定が考えられます。まず、ファシリが二名でリフレクティングを行ったら、それに対して、今度はどちらか一人のファシリとクライアントがペアになって感想を述べ合うというスタイルが考えられます。要は、リフレクティングの場面設定が作れればいいわけです。

以上が大まかな対話の進め方です。もちろんこのやり方で、考え方が一気に変わるということはそんなに多くありません。むしろ**「なんか自分のことをポジティブに評価しようとして頑張ってくれているみたいだけど、悪いけど茶番に見えてしまう」といった感想もよく聞かれます。しかしそれは、必ずしも失敗ということではありません。**むしろそうした感想も含めて、対話というプロセスが進んでいくことに価値がある。対話実践ではそのように考えます。

先ほども述べたように、**対話実践では「対話が続いていくこと」を目指しています。**ただ、望ましい対話実践のあり方としては「ポリフォニー」を大切にしています。ポリフォニーという言葉は、自己愛の解説でも一度説明しましたね。時には矛盾をはらむような多様な要素が――この場合は「意見」が――調和やハーモニーによらずに共存しているような状態です。ポリフォニーの良いところは、余白（スペース）が多いところです。この余白において、クライアントは主体性や自発性を回復すると考えられています。だから、リフレクティングの場合でも、ファシリ同士の意見が対立したりすれ違ったりしても問題ないのです。むしろファシリの見解が一致しすぎる方が問題かもしれません。

助言やアドバイスは禁物なのですが、リフレクティングでアイディアを出すことは、おおいに推奨されています。ただその場合も、「あれかこれか」式ではなく、「**あれもこれも」とお盆に載せていくようなアイディア出しが望ましい**とされています。クライアントは、ファシリが頑張ってアイディア出しをする姿を観察しながら、**お盆の上のアイディアを眺めて、気に入ったものがあればそれを取るか、どれもいまいちなら「どれもいまいちですね」と言うこともできます。**

たとえば妄想を訴える患者さんに対しても、同じように対応するのですが、もちろん妄想的な思い込みについて批判したり反論したり否定したりする態度は取りません。ひたすら妄想的な世界のありようを、できるだけ詳しく掘り下げていきます。そんなことをしたら、妄想がますます増幅されてしまうのではないか、と心配になる人もいるでしょう。ところが不思議なことに、そういうことはまず起こりません。むしろ妄想がほぐれ、消えてしまうこともしばしば起こります。**私の経験では、妄想は反論や否定された場合にこそ強化されるように思います。**

なぜこんなことで妄想が消えてしまうのか、詳しいことはまだわかっていません。ただ言えることは、**妄想がしばしばモノローグ、つまり孤独な自問自答の産物であることが多**

い、ということです。それがひとたびダイアローグに開かれると、妄想として持ちこたえられなくなり、自《おの》ずから正常化していくのではないか。**自傷的自己愛は妄想ではありませんが、やはり非常にモノローグ的な観念です。よって、こうした考え方をダイアローグに開いていくだけでも、なにがしかの効果は期待できるのです。**

私の考えでは、ODは対話から良きプロセスを生み出す手法として、最も洗練された手法です。このプロセスがどんなふうに作用して成果をもたらすかについては、典型的なパターンというものがないので、計画も予想も不可能です。ただ、プロセスが進行していく過程の中から、一種の副産物として、改善や回復、治癒が勝手に起きてしまう。それが公式には「ODの成果」となるわけですが、ここには「治そうとしないからこそ治る」という逆説があります。治してやろうとか成果を挙げようというゴール志向が入り込んでくると、それはきまってプロセスの妨げになります。

つまりODにおけるさまざまなルールとは、「良きプロセス」の進行のために練り上げられてきたとも言えるわけです。立場の対等性も、発言の自由さも、尊厳の尊重も、議論・説得・アドバイスの禁止も、リフレクティングもその一環として導入されたとも考えられます。

それゆえ、自傷的自己愛を抱いてしまった人たちが、ODのプロセスを経てどのように変わりうるかは、まったく予想が付きません。ただ、悪循環につながりやすい自傷的自己愛の隘路《あいろ》から抜け出して、もう少し広い視野のもとで、さまざまな価値について考えてみる機会は提供できるかもしれない。対話実践のプロセスには、関係性や主体性の回復、新たなナラティブによる尊厳やトラウマの修復といった要素が含まれています。そこで発生するポリフォニーが、自己愛が本来持っているはずのポリフォニー性を呼び覚ますことにつながるということもあり得るでしょう。

にもかかわらず、これは「治療」ではありません。ただ、参加者すべての尊厳に気を遣いながら、丁寧に声を重ねていくことであり、治療よりは限りなくケアに近い営みです。治療には高度な専門性が求められますが、ケアについては高い専門性がしばしば妨げになり得ることはさきほど述べた通りです。その意味で私は、「対話実践は誰にでもできる」と考えています。私がここで、治療とは異なる文脈でのODの応用を提案してみようと考えた背景には、そうした期待がありました。

あなたが自傷的自己愛の当事者か、そうでないかにかかわらず、対話実践がなんらかの生活上のヒントをもたらすことを祈っています。

おわりに

これまでのまとめ

予想以上に入り組んだ、長い道のりになってしまいましたが、本書もいよいよ終わりに近づきました。いつものことではありますが、私はあらかじめ決めた構成通りに本を書くことができません。書いているうちに思いついたアイディアが膨らんでいって、何度も脇道に逸《そ》れているうちに、紆余《うよ》曲折の論旨になってしまうこともたびたびです。私自身は一貫したストーリーを追ってきたつもりなのですが、結局何が言いたいのかよくわからない、という方もおられるでしょう。

そこでこの「おわりに」では、とりあえずここまでの論旨をまとめておこうと思います。「はじめに」では、いわゆる「インセル」や「無敵の人」の犯罪を取り上げました。彼らはもっとも極端な形で自傷的自己愛を象徴していると考えられます。自分自身に自信が持てず自己否定を繰り返すうち、なんらかの事情で追い詰められ自暴自棄になると、自己を否定する感情が暴走して、拡大自殺のような通り魔殺人などを犯すことがあるわけです。社会批判が背景に見えることもありますが、そのおおもとにあるのは、自己否定＝社会批判というショートカットです。念を押しておきますが、これは自傷的自己愛者の犯罪率が高い、という意味ではまったくありません（むしろ低いでしょう）。ただ、この種の犯罪の加害者が、しばしばこうした自意識を持っているように思われる、ということです。ふたつのことは、まったく別物です。

自傷的自己愛は、典型的にはひきこもりによく見られます。彼らは自分に価値がないと思い込み、自分自身に無価値な人間というレッテルを貼って貶《おとし》め、しばしば希死念慮を口にします。幸い、実際に自殺をすることはそれほど多くないのですが、ここから私は彼らの「自分がダメであることに関しては、誰よりも自信がある」という意識、**プライドが高く自信がないこと、自分が周囲からどう思われているかをずっと考え続けていることなどから、彼らが自己愛ゆえに自分を否定しているのではないかと確信するに至りました。**

自傷的自己愛は、その名の通り、自己愛のひとつの形態と考えられます。ただ、従来の精神医学や精神分析の中では、ほとんど注目されてきませんでした。それどころか、自己愛という言葉そのものが、いまだに自己中やわがままと同様に扱われているように見えます。関連書籍を読むと、いまや社会には「自己愛性パーソナリティ障害」があふれているようですが、私には自傷的自己愛に悩む人のほうが多いようにしか思われません。

そこで第一章では、精神分析における自己愛概念の歴史をもう一度辿《たど》り直し、自己愛の形態的な自由さについてはラカン理論を、また精神健康に欠かせない自己愛の機能についてはコフート理論に依拠する方針を確認しました。そのうえで、自傷的自己愛の構造分析と、それがもたらす様々な問題についても検討しました。

それでは、自傷的自己愛はどこから生まれたのでしょうか？ 第二章では戦後の精神史を大雑把に振り返り、「神経症の時代」「統合失調症の時代」「境界例の時代」「解離の時代」「発達障害の時代」に区分してみました。二〇〇〇年代中期は「解離の時代」、二〇一〇年代は「発達障害の時代」と考えられます。自傷的自己愛者の急増をもたらした背景には、「解離の時代」「承認（つながり）依存」「コミュ力偏重」「キャラ化」という四つの要素がありました。以下、それぞれの関係を、できるだけコンパクトにまとめてみます。

二〇〇〇年代という「解離の時代」が成立した背景には、心理学ブーム、トラウマ・ブームなどの要因もありますが、携帯電話やネット環境といったインフラの爆発的な普及という要素が最も重要でした。常に複数の友人知人とつながることが可能な状況は、ＳＮＳのような「承認（いいね！）の可視化・定量化装置」の普及も相まって、若者を中心とする多くの人に「承認（つながり）依存」傾向をもたらしました。

ただしこの「承認」は、生身の人間としての承認ではなく、ＳＮＳ上で少ない情報量で演出できる程度の、「キャラ」としての承認が主流でした。そうしたネットワーク環境においては、巧みに「キャラ」を操作して大量の承認を集められる「コミュ力の高い個人」が強者としてふるまうことになります。この価値観が反転して、「キャラ」として弱く承認を集められない、コミュ力の低い（と思い込まされた）個人が弱者となったのです。こうした意味での弱者が抱きがちな自己愛が、自傷的自己愛です。

承認依存が「キャラとしての承認」への依存であるのと同様に、自傷的自己愛は「キャラとしての自分」に対する否定です。自傷的自己愛者は、先に述べてきたような価値観にもとづいて、「他者から愛されない（承認されない）」「コミュ障（と思い込まされている）の」「生きる価値のない」自分、というシンプルなキャラを作り上げ、それを徹底的に攻撃します。ただ、否定されているのはあくまでも「キャラとしての自分」であり、自分自身への自己愛は保たれています。ですから彼らは、いわば本丸の自己愛を守るために、

「キャラとしての自分」を否定し続けるのです。問題は、孤立した状況でこの観念を追求しすぎると、時に実際の自己破壊行為に追い詰められてしまうような事態が起こりうる、ということです。

以下は応用編です。自傷的自己愛をもたらした価値観にもとづいて、「新型うつ」「発達障害」「陰謀論」などが論じられます。

これに続いて第三章では、親子関係が自傷的自己愛をもたらす可能性が検討されます。特に女性の場合、男性に比べて母親の否定的言動に傷ついた自傷的自己愛者が多いように思います。そうした場合にどのように距離を取ることが望ましいかについて、少し詳しく触れています。

第四章では、自傷的ではない健全な自己愛とは何かというテーマが取り上げられます。いまや多くの人が関心を持っている「自己肯定感」に批判的に言及し、本書の目的が単純な自己肯定感の獲得ではないことが述べられます。創造的な営みは、低い自己肯定感からもたらされる場合も多いこと、無理に上げられた自己肯定感は反作用も大きいこと、などについて述べています。また自傷的自己愛に潜在する「優生思想」的な考え方の誤りについても触れています。上座仏教の説く「我執を捨てる」ことの困難さ、にもかかわらず一部の人にはそれが解決をもたらす可能性についても言及しています。

健康な自己愛のありようとしては、中井久夫氏の「自分が世界の中心であると同時に世界の一部に過ぎない」という意識のありように依拠しつつ、「他者に配慮しつつ言うべきことは言う」というアサーションの考え方が紹介され、私自身の自己愛の形についても簡単に紹介しています。そこには、なりゆきにまかせられる鈍感さがあり、鈍感さゆえに「愛」や「承認」の可能性についても楽観していられるという特性があります。つまり鈍感さも健康さの一部かもしれない、ということです。

ついで荒木飛呂彦氏の漫画『ジョジョの奇妙な冒険』の登場人物である岸辺露伴のセリフから、自己愛とは「自分が好き」という感情ではなく、「自分自身でありたい」という欲望のことである、という命題が導かれます。成熟した自己愛を構成する要素には、自己肯定感のみならず、自己批判、自己嫌悪、プライド、自己処罰といったさまざまな否定的な要素までもが含まれるということです。ここには異質な要素の調和によらない共存、すなわちポリフォニーがあります。つまり自己愛とは、自分自身であり続けたいというポリフォニックな欲望のプロセスを意味するのです。これが本書の自己愛の定義となります。

それでは、自傷的自己愛をどうすれば緩和できるでしょうか。まず、本書の目的でもある「自覚」があります。**習慣化してしまった自己否定、自己批判の背景に「自己愛」があったと気付くこと**。この気付きがきっかけになる人はそれなりにいると想定しています。

しかし、理屈だけではどうにもならない人もいるでしょう。そういう人向けには「環境調整」「身体のケア」「損得勘定」などを勧めています。しかし、最も有益と思われるのは「対話実践」です。フィンランドで開発されたケアの手法／思想である「オープンダイアローグ」にヒントを得た対話を日常に取り入れることで、自傷の捻《ねじ》れは確実に緩和されるでしょう。とりあえずはここまでが「解決編」ということになります。

「自傷的自己愛」と向き合っていく

自傷的自己愛は病気ではありませんし、診断名でもありません。それは特異な自己愛の形式であり、しばしば生きづらさをもたらすという意味では解決や支援の対象でもあり得ます。しかし私は、あらゆる自傷的自己愛が解決されるべきとも、解決が可能であるとも考えていません。それは私が、すべてのひきこもりを治療の対象と考えていないのと同じ理由によります。どういうことでしょうか。

もし社会がひきこもる自由を容認してくれたら、ひきこもりへの偏見は減少し、自分自身への偏見ゆえにひきこもりをこじらせる人も減るでしょう。その意味で、ひきこもりの容認こそが、ひきこもり対策の究極の解とも考えられます。ならば、自傷的自己愛も同じことです。**自己愛ゆえに自分を傷つけてしまうという習慣は、確かに人を苦しめ続けます。**しかし、それもまた自己愛のバリエーションとして考えるなら、それを一概に否定してもはじまりません。まずはそうした苦痛が存在することを認めた上で、何とかしたいというニーズに対しては、実践可能なアイディアを、深刻ならば治療を提供する。専門家にできるのは、所詮《しょせん》そこまでであろうと考えています。

私は本書で**自己愛を「自分自身でありたい欲望」、と定義しました。**「自分自身でありたい」とは、自己同一性（アイデンティティ）への欲望のようでもありますが、そこに限定されるものではありません。「自分自身」とは、この自分の歴史的連続性と空間的な位置付けのみならず、身体的な統合性や自他境界の内側に留《とど》まること、あるいは自分自身の成長可能性までもが含まれます。また、自分自身の長所のみならず、短所への固執も含まれます。つまり、ポリフォニックで表象困難な「自己」への欲望と、その発展のプロセスそのものを自己愛と呼びたいのです。

こうした意味での自己愛は、生きていく上で欠かせないものです。たとえあなたが自傷的自己愛に悩んでいたとしても、自己愛はあなたにとっての大切な支えであるはずです。そのことを忘れずにいてください。

自傷的自己愛は病気ではありませんし、異常性格や認知の偏りといった問題でもありません。自分自身の愛し方がわからなくなった人が、たまたま迷い込んでしまう迷路のようなものであり、本書で見てきたように、その原因のほとんどは環境の側にあります。私の知るかぎり、もともとまじめでまともな人ほど、この迷路に苦しめられているように思われます。

そうした苦しみを抱えているのはあなた一人ではなく、たぶんあなたの予想以上に多いはずです。ここで重要なのは、その苦しみはそれほど根の深い、どうしようもないものではなく、成り立ちもメカニズムも、解決の方向性もわかっている、ということです。

自傷的自己愛に悩む多くの人が、自分自身の否定、批判、他人との比較などによって、自分を変えようと試みますが、それは皮肉にも「ダメな自分」というキャラの固定に結びついてしまいがちです。むしろ成長や成熟といった望ましい変化は、「自分自身でありたい」欲望、すなわち自己愛を大切にするところからもたらされるものです。まず自分自身をいたわり、思いやり、共感すること。そして、そのためにも近しい人との「対話」を続けていくこと。そうしたことの積み重ねが、いつのまにか「新しい自分」につながっていくことでしょう。私はそう確信しています。

本書が、自傷的自己愛に苦しむあなたにとって、少しでも助けになるとしたら、こんなに嬉《うれ》しいことはありません。

主要参考文献

「殺人事件の発生状況」『法務総合研究所研究部報告50』法務省　https://www.moj.go.jp/content/000112398.pdf

「おや子で科学　若者による殺人」『朝日小学生新聞』二〇〇八年四月六日　https://www.asagaku.com/shougaku/oyako_kagaku/kako/04/0406.htm

湯浅誠『反貧困――「すべり台社会」からの脱出』岩波新書、二〇〇八年

「特集　進撃の巨人」『BRUTUS』二〇一四年十二月一日号、マガジンハウス

Mental Health Professionals Warn About Trump, *The New York Times*　2017.02.13

バンディ・リー編、村松太郎訳『ドナルド・トランプの危険な兆候――精神科医たちは敢えて告発する』岩波書店、二〇一八年

ハヴェロック・エリスとパウル・ネッケの文献　Ellis, H. Auto-erotism: A psychological study.

Alienist Neurol., 19, 260-299. 1898.　Näcke, P. Kritisches zum Kapitel der normalen und pathologischen Sexualität. *Archiv für Psychiatrie und Nervenkrankheiten*.32, 356-386,1899.
ジークムント・フロイト　渡邉俊之ら訳「症例「ドーラ」・性理論三篇」『フロイト全集　6　1901―06年』岩波書店、二〇〇九年
ジャック・ラカン　宮本忠雄ら訳「鏡像段階について」「〈わたし〉の機能を形成するものとしての鏡像段階」『エクリⅠ』弘文堂、一九七二年
ジークムント・フロイト　鷲田清一責任編集「処女性のタブー・子供がぶたれる」『フロイト全集　16　1916―19年』岩波書店、二〇一〇年
丸田俊彦『コフート理論とその周辺――自己心理学をめぐって』岩崎学術出版社、一九九二年
熊谷晋一郎「自立とは「依存先を増やすこと」」全国大学生協連ウェブサイト　https://www.univcoop.or.jp/parents/kyosai/parents_guide01.html
大澤真幸『戦後の思想空間』ちくま新書、一九九八年
渡部昇一『知的生活の方法』講談社現代新書、一九七六年
エリク・H・エリクソン　小此木啓吾訳編『自我同一性――アイデンティティとライフ・サ

イクル』人間科学叢書、誠信書房、一九七三年
斎藤環『心理学化する社会――癒したいのは「トラウマ」か「脳」か』河出文庫、二〇〇九年
それいけ!!ココロジー編『それいけ×ココロジー　レベル（1）――真実のココロ』青春出版社、一九九一年
河合隼雄『こころの処方箋』新潮社、一九九二年
クリストファー・ノーラン『ダークナイト』、ワーナー・ブラザース映画、二〇〇八年
岸見一郎、古賀史健『嫌われる勇気――自己啓発の源流「アドラー」の教え』ダイヤモンド社、二〇一三年
斎藤環『承認をめぐる病』ちくま文庫、二〇一六年
「「就活自殺」を救えるか…「大量エントリー・大量落ち」の残酷な現実」現代ビジネス、二〇一九年十一月二十六日　https://gendai.media/articles/-/68592?imp=0
松本俊彦『自傷行為――その理解と援助』思春期学31（1）：37-41、二〇一三年
鈴木翔『教室内《スクール》カースト』光文社新書、二〇一二年
本田由紀『若者と仕事――「学校経由の就職」を超えて』東京大学出版会、二〇〇五年

信田さよ子『アダルト・チルドレン――自己責任の罠を抜けだし、私の人生を取り戻す（ヒューマンフィールドワークス）』学芸みらい社、二〇二一年
信田さよ子『母が重くてたまらない――墓守娘の嘆き』春秋社、二〇〇八年
田房永子『母がしんどい』角川文庫、二〇二〇年
高石浩一『母を支える娘たち――ナルシシズムとマゾヒズムの対象支配』日本評論社、一九九七年
遠藤利彦『入門 アタッチメント理論――臨床・実践への架け橋』日本評論社、二〇二一年
信田さよ子「「自己肯定感」にこだわる母親たち、わが子を息苦しくさせるワケ「世代間連鎖」を防ぐ子育て論〈番外編〉」現代ビジネス、二〇一九年十一月三日 https://gendai.media/articles/-/68128
斎藤環『キャラクター精神分析――マンガ・文学・日本人』ちくま文庫、二〇一四年
森口朗『いじめの構造』新潮新書、二〇〇七年
瀬沼文彰『キャラ論』STUDIO CELLO、二〇〇七年
中井久夫『精神科医がものを書くとき』ちくま学芸文庫、二〇〇九年
斎藤環『母は娘の人生を支配する――なぜ「母殺し」は難しいのか』ＮＨＫブックス、二〇

〇八年
アーロン・アントノフスキー　山崎喜比古ら監訳『健康の謎を解く――ストレス対処と健康保持のメカニズム』有信堂高文社、二〇〇一年
Stolorow RD : Toward a functional definition of narcissism. *The International Journal of Psychoanalysis* 56 : 179-185, 1975.
ミハイル・バフチン　望月哲男ら訳『ドストエフスキーの詩学』ちくま学芸文庫、一九九五年
マーティン・セリグマン　宇野カオリ監訳『ポジティブ心理学の挑戦――〝幸福〟から〝持続的幸福〟へ』ディスカヴァー・トゥエンティワン、二〇一四年
「私の心理臨床実践と「自己肯定感」」　高垣忠一郎退職記念最終講義より　立命館大学、二〇〇九年
「子ども・若者白書」内閣府　平成二十六年版
山口路子『サガンの言葉』だいわ文庫、二〇一二年
太宰治「自信の無さ」『太宰治全集10』ちくま文庫、一九八九年
斎藤環『博士の奇妙な思春期』日本評論社、二〇〇三年

アルボムッレ・スマナサーラ『無常の見方――「聖なる真理」と「私」の幸福』サンガ新書、二〇〇九年
斎藤環、坂口恭平『いのっちの手紙』中央公論新社、二〇二一年
坂口恭平『自分の薬をつくる』晶文社、二〇二〇年
坂口恭平『よみぐすり』東京書籍、二〇二二年
スティーブン・R・コヴィー　フランクリン・コヴィー・ジャパン訳『完訳 7つの習慣――人格主義の回復』キングベアー出版　二〇一三年

《ひきこもり関連》
斎藤環、畠中雅子『新版　ひきこもりのライフプラン――「親亡き後」をどうするか』岩波ブックレット、二〇二〇年
斎藤環『改訂版　社会的ひきこもり』PHP新書、二〇二〇年
斎藤環『中高年ひきこもり』幻冬舎新書、二〇二〇年
斎藤環『「負けた」教の信者たち――ニート・ひきこもり社会論』中公新書ラクレ、二〇〇

五年

《オープンダイアローグ関連》

水谷緑、斎藤環『まんが やってみたくなるオープンダイアローグ』医学書院、二〇二一年

ヤーコ・セイックラ、トム・アーンキル著、斎藤環監訳『開かれた対話と未来——今この瞬間に他者を思いやる』医学書院、二〇一九年

斎藤環『オープンダイアローグとは何か』医学書院、二〇一五年

小林秀雄「道徳について」『小林秀雄全作品13 歴史と文学』新潮社、二〇〇三年

荒木飛呂彦『ジョジョの奇妙な冒険』集英社 ジャンプコミックス

本書は書き下ろしです。

斎藤　環（さいとう・たまき）
1961年生まれ。岩手県出身。筑波大学医学研究科博士課程修了。医学博士。爽風会佐々木病院・診療部長を経て、筑波大学社会精神保健学教授。専門は思春期・青年期の精神病理学・病跡学、「ひきこもり」事例の治療・支援ならびに啓蒙。漫画・映画・サブカルチャー全般に通じ、新書から本格的な文芸・美術評論まで幅広く執筆。著書に『社会的ひきこもり』『母は娘の人生を支配する』『承認をめぐる病』『世界が土曜の夜の夢なら』（角川財団学芸賞）、『「社会的うつ病」の治し方』ほか、著訳書に『オープンダイアローグとは何か』など多数。

「自《じ》傷《しょう》的《てき》自《じ》己《こ》愛《あい》」の精《せい》神《しん》分《ぶん》析《せき》

斎藤《さいとう》　環《たまき》

2022年12月10日　初版発行
2024年10月25日　10版発行

発行者　山下直久
発　行　株式会社KADOKAWA
〒102-8177　東京都千代田区富士見2-13-3
電話　0570-002-301（ナビダイヤル）
装 丁 者　緒方修一（ラーフイン・ワークショップ）
ロゴデザイン　good design company
オビデザイン　Zapp!　白金正之
印 刷 所　株式会社KADOKAWA
製 本 所　株式会社KADOKAWA

角川新書

ISBN978-4-04-082430-7 C0236